ぽっこりおなかを即卒業!

下腹やせ! 1分 締めトレ

Kyo Megumi
許恵

初めまして。パーソナルトレーナーの許《きょ》恵《めぐみ》です。
10年以上トレーナーとして
みなさんのダイエットをお手伝いしてきて
スルスルやせていく人と、
なかなかやせられない人がいることに気づきました。

その差は「膣《ちつ》筋《きん》」の状態。

膣筋が緩んでいるとなかなかやせられず
がんばってダイエットしても下腹はヘコみません。

逆を返せば
腹筋さえ鍛えれば
ダイエットは確実に
スピーディーに進みます。

ただし膣筋は、意識して力を込めるのが難しい筋肉。
そこで私が考えたのが、

膣筋と連動する筋肉を総動員して
複数の筋肉をまとめて鍛える
「締めトレ」です。

運動をやり慣れていない人にとっては
ハードに感じるかもしれませんが、その分効き目は確実！

人生で一番ぺたんこな下腹、
いっしょにつくっていきましょう！

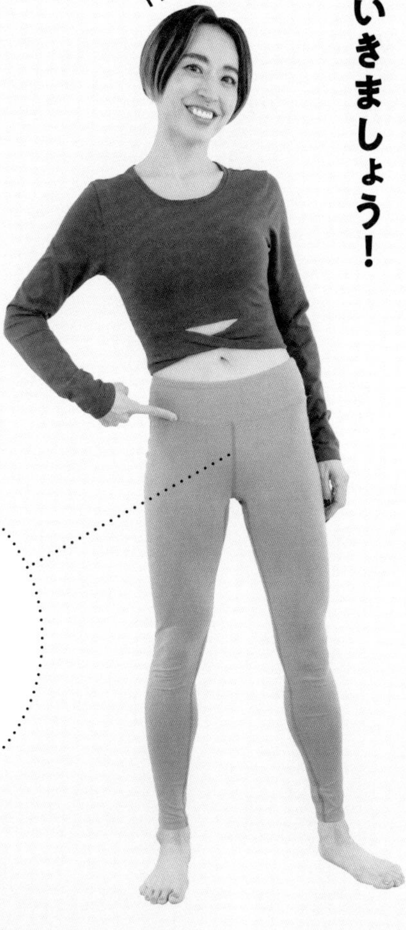

下腹ぺたんこを
つくる膣筋はココ

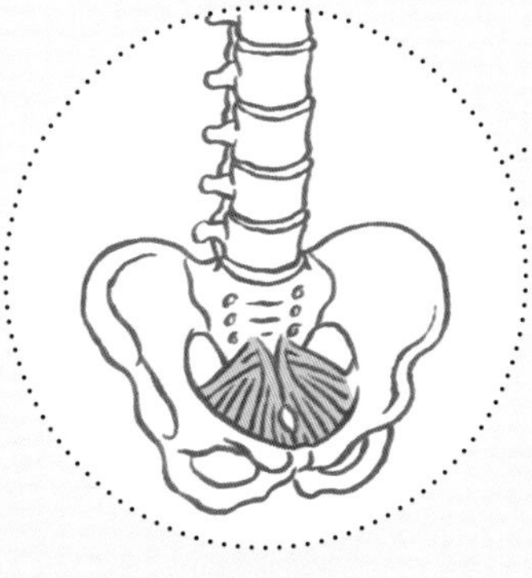

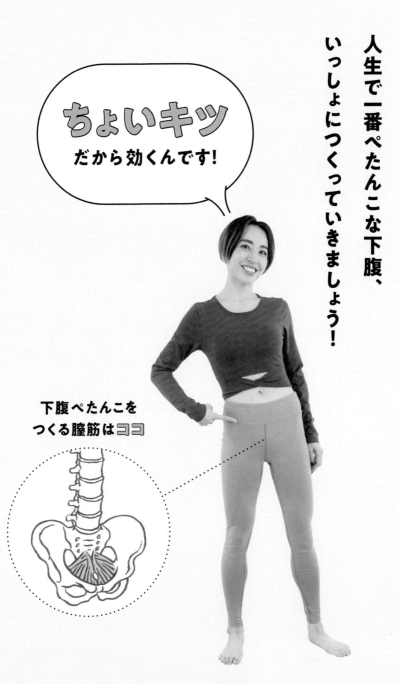

腹ぺたんこ効果抜群の めトレ

下腹やせのために鍛えたい「膣筋」は、意識しても力を込められません。そこで膣筋と連動するお尻や内ももの筋肉を一気に締めることで、膣筋を刺激するのが狙いです。

これが下

締

ぜ〜んぶ一気にギュッと締める!!

締めトレで
大変身!

体験者リポート

めぐ先生がトレーナーを務めるパーソナルジム「Clear」で、ボディメイクに大成功した方のBefore⇒Afterを大公開します。

※体験者さんの結果は、運動&食事の直接指導を併せて行った結果です。

太り過ぎてひざ関節痛だった私がランニング好きになれた!

25年間、ダイエットとリバウンドのくり返し。ひざ関節の痛みをはじめ常に不調を抱えて、精神的にも不安定でした。「Clear」に入会して1カ月で、階段の上りがラクに。3カ月でおなかがペチャンコになりました。運動が楽しくなり、フロッグリフトなどの筋トレやランニングが習慣化。健康診断の数値が改善、むくみにくくなるなど、うれしい変化はたくさん。何より、自分の体が好きになり、気持ちが前向きになれたことがうれしいです。

6カ月で	After		Before	
-19.5kg	50.2kg	◀	69.7kg	体重
-17.5%	22.6%	◀	40.1%	体脂肪率
-13cm	86㎝	◀	99㎝	下腹

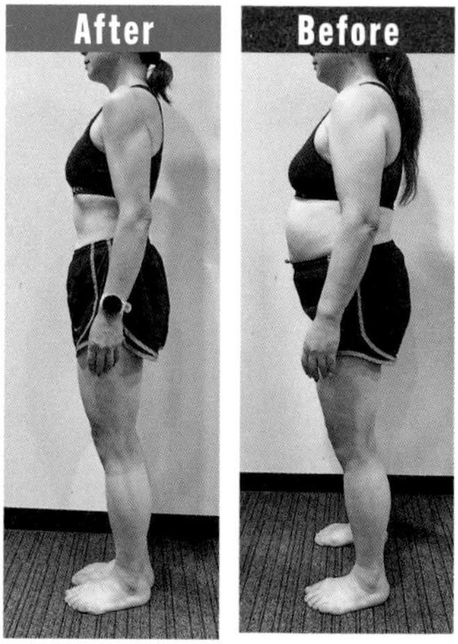

あっこさん・50代・157㎝

週2回、30〜40分のエクササイズで9.3kg減!

40代になって太り始め、ダイエットに3回取り組むものの、毎回リバウンド。巨大化してきたおなかを何とかしようと、「Clear」に入会しました。運動していたのは週2回、30〜40分のスタジオレッスンのみ。それでも2週間たつころにはおなかがスッキリして顔のむくみが取れてきたので、本当によく考えられた効率のいいエクササイズなのだと思います。おなかがヘコんで後ろ姿も若返り、悩みだった肩こりが解消。自分に自信が持てるようになりました。

3カ月で	After		Before	
-9.3kg	49.6kg	◀	58.9kg	体重
-7.8%	25.3%	◀	33.1%	体脂肪率

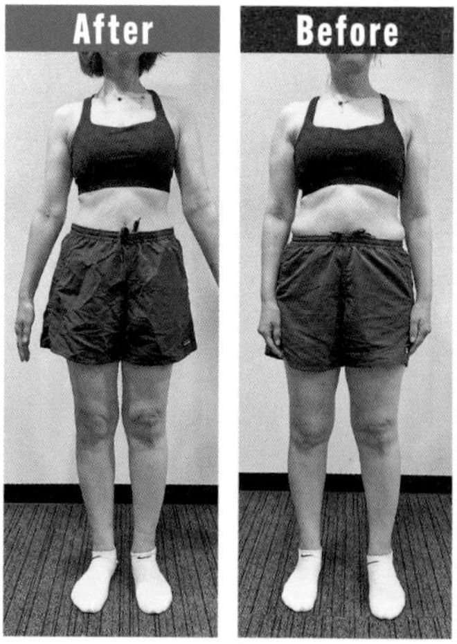

H.I.さん・50代・160㎝

ずっと悩みだった下半身太り。1カ月で太ももやせを実感!

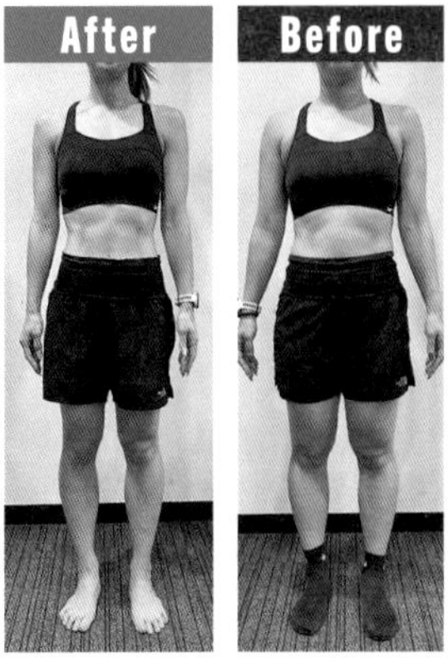

Sakiさん・40代・159㎝

昔から下半身太りが悩み。ダイエットして体重が減っても、脚だけは太いままでした。「Clear」でトレーニングを開始して2週間で上半身はスッキリしてきたものの、脚には変化なし。ところが開始1カ月ごろ、フロッグリフトをしていたとき、内ももの脂肪が邪魔で閉じられなかったひざが、ぴったり閉じていることに気づきました。鏡で確認すると、太ももが……細い！ Before⇒Afterの写真を見て改めて脚やせを実感。感動しました!!

3カ月で

	After	Before	
-9.6kg	52.5kg	62.1kg	体重
-9.9%	23.7%	33.6%	体脂肪率

人間ドックで引っかかった肝機能と中性脂肪の数値が下がった!

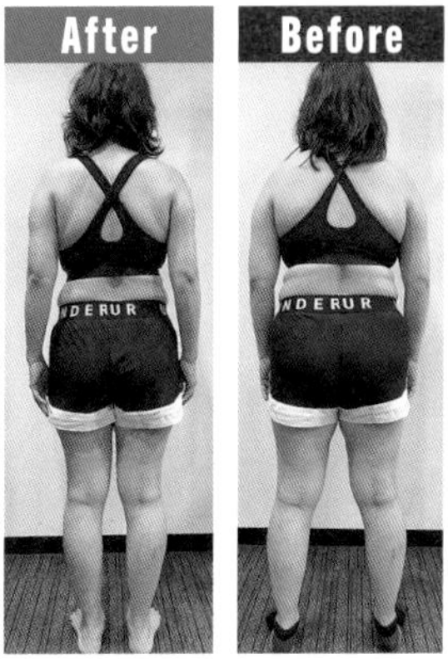

Kumikoさん・50代・160㎝

太い二の腕が悩みでした。さらに深刻だったのは人間ドックの結果。肝機能も中性脂肪も、基準値の倍…。このままでは病気になると、「Clear」の門を叩きました。実践したのは、締めトレなどのトレーニングを週2日とウォーキング。開始1カ月でやせ始め、肩甲骨まわりの盛り上がりが落ちるとともに腕もスッキリ！ 数値も正常値に下がりました。毎日昼寝が必要なほど疲れやすかったのが嘘のように、活動的に変身しています。

3カ月で

	After	Before	
-9.8kg	63.2kg	73kg	体重
-5.9%	37.2%	43.1%	体脂肪率

3カ月で11.7kg減! 自分に自信を持てた!!

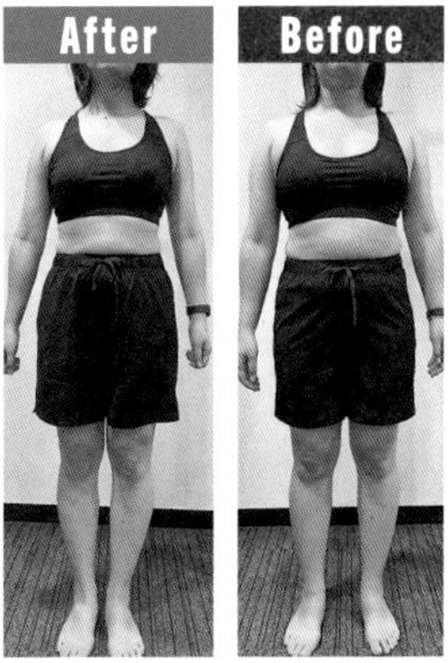

y.nさん・30代・165㎝

ダイエットとリバウンドを繰り返してきましたが、体脂肪率が40%を超えて自力では無理だと、「Clear」でお世話になることにしました。週2回、締めトレなどのトレーニングを1時間ずつするほかは、会社の往復40分間歩いただけ。キツさは感じませんでしたが、1カ月で顔まわり、肩まわり、下半身がスッキリしてきました。以前は写真を撮られたり、初対面の人と会うことが憂うつでしたが、自信を持って人と会えるようになりました。

3カ月で

	After	Before	
-11.7kg	64kg	75.7kg	体重
-7.6%	32.5%	40.1%	体脂肪率

締めトレで起きる うれしい変化

ボディラインが引き締まるのはもちろん、
さまざまな不調が解消。
気分も上向きに変わっていきます！

食べても太りにくい体質に変身！

美姿勢がキープされることで、無意識のうちに体の大きな筋肉が使われます。その結果、エネルギーをどんどん消費する、やせ体質に！

下腹がペッコリへコむ

膣筋が活性化し反り腰が直ると、下垂していた内臓が正しい位置に。それだけで、体脂肪が1gも減らなくても、下腹がペッコリへコみます。

尿もれが改善しパッド不要に

締めトレで刺激する膣筋には、尿道を締める働きが。鍛えると尿もれしにくくなり、パッドなしでもジョギングなどのスポーツを楽しめます。

ウエストがくびれ女性らしいメリハリボディに

締めトレにより反り腰が直ると、パカッと開いていた肋骨が閉じます。アンダーバストが細くなることで、おなかの幅が狭まりくびれが出現！

自律神経のバランスが整いメンタルが安定

メンタルを左右する自律神経は、背骨に沿って走っています。反り腰が直り背骨のゆがみが整うことで、自律神経のバランスも整いやすくなります。

姿勢がよくなり見た目が若返る

膣筋が働いて骨盤がニュートラルな位置に戻ると、背骨は本来のS字カーブを描きます。美姿勢になり、見た目が一気に若返ります。

生理痛や更年期の不調が軽くなる

膣まわりの血流がよくなることで、子宮の血流も促進。冷えや女性ホルモンの乱れによって起きていた生理痛などの不調改善が期待できます。

肩こりや腰痛がスッキリ解消

反り腰だと、腰や肩など一部の筋肉に常に負荷がかかることに。締めトレで姿勢がよくなると過剰な負荷が解消し、痛みも取れます。

全身のめぐり改善！むくみスッキリ

反り腰だと、無理な負荷がかかって筋肉が硬化した場所で、血流やリンパの流れが停滞。これが解消することで、顔や足のむくみが取れます。

CONTENTS

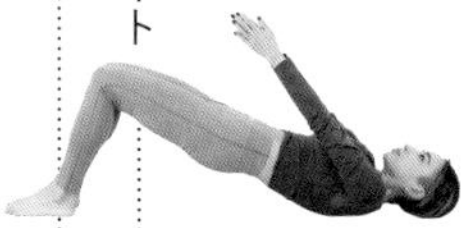

PART 1
締めトレで下腹がヘコむわけ

PART 2
締めトレのやり方

PART 3
締めトレで部分やせ

PART 4 サークル鬼トレプログラム

● 持病がある、治療中、妊娠中など、健康に不安がある方は医師にと相談してください。
● エクササイズの際は、ご自身の責任で十分注意して行ってください。
● 本書は効果を100%保証するものではありません。効果には個人差があります。

さっそく締めトレを実践したい方は…

P.35~

「締めトレのやり方」をご覧ください

締めトレでやせられるメカニズムを知りたい方は…

P.15~

「締めトレで下腹がヘコむわけ」で
解説しています

下腹以外もやせたい方は…

P.57~

「締めトレで部分やせ」も併せて
取り組んでください

締めトレでは物足りない筋トレ上級者の方は…

P.79~

「サークル鬼トレプログラム」を
追加してください

PART 1

締めトレで下腹がヘコむわけ

膣筋を締めてペタ腹になる!

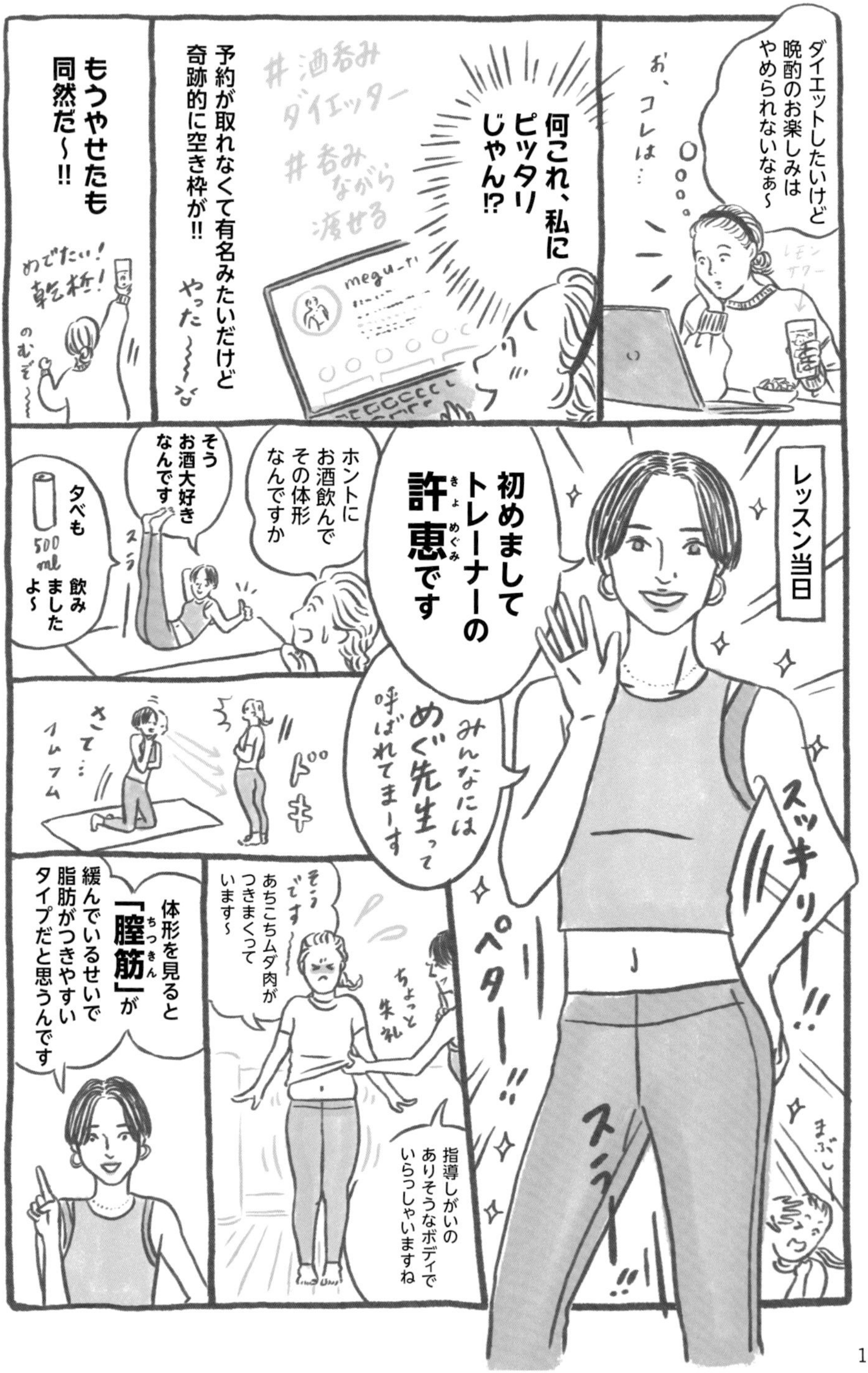

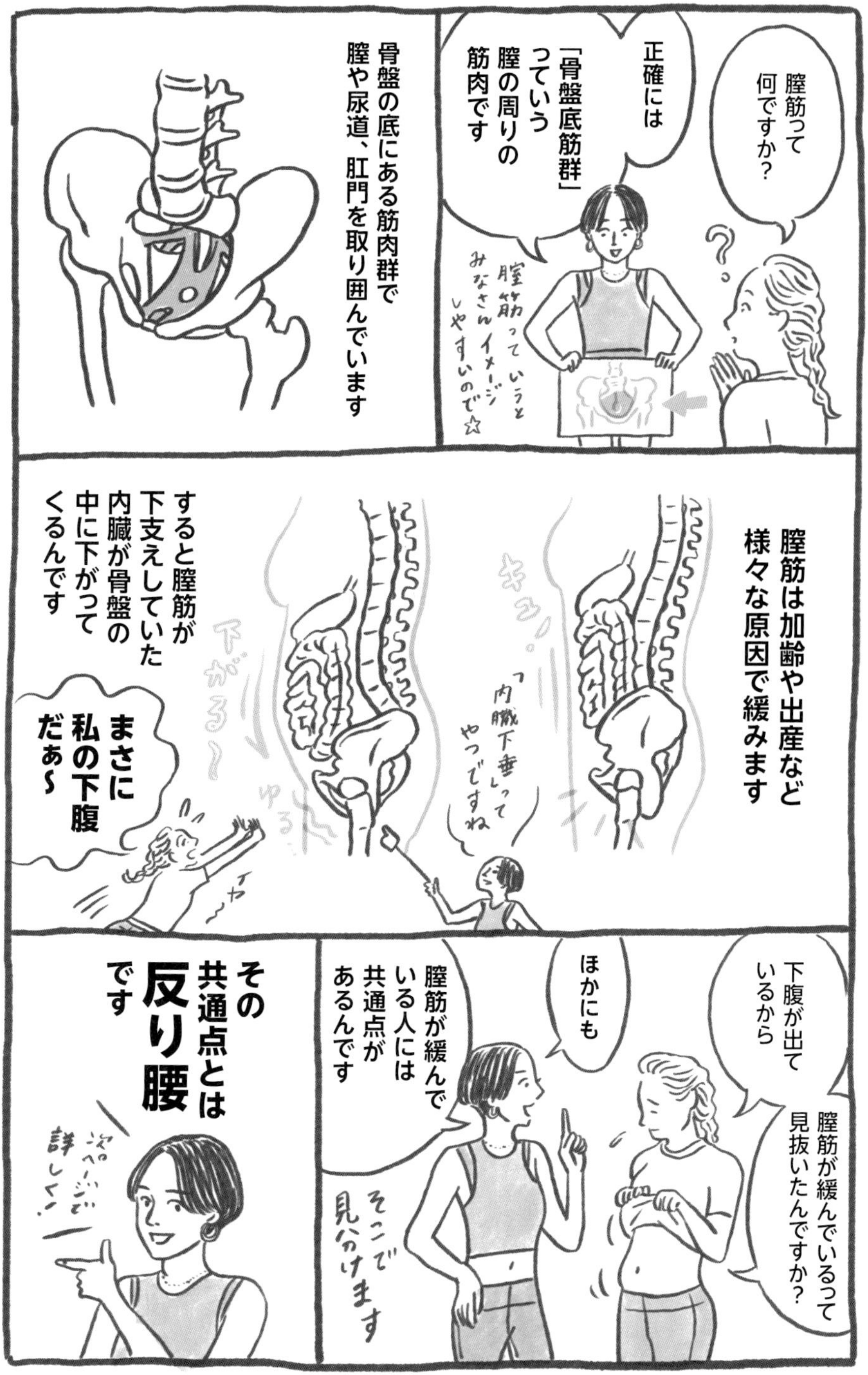
膣筋って何ですか？
正確には「骨盤底筋群」っていう膣の周りの筋肉です
膣筋っていうとみなさんイメージしやすいので☆
骨盤の底にある筋肉群で膣や尿道、肛門を取り囲んでいます
膣筋は加齢や出産など様々な原因で緩みます
キュ!
「内臓下垂」ってやつですね
すると膣筋が下支えしていた内臓が骨盤の中に下がってくるんです
下がる〜
ゆる
まさに私の下腹だぁ〜
イヤ〜
下腹が出ているから膣筋が緩んでいるって見抜いたんですか？
ほかにも
膣筋が緩んでいる人には共通点があるんです
そこで見分けます
その共通点とは反り腰です
次ページで詳しく！

CHECK

膣筋の緩み＆反り腰をチェック

膣筋が緩んでいる＝反り腰の人には、日常生活の習慣やクセ、体形やお悩みなどにさまざまな共通点があります。以下のチェックポイントやテストで7項目以上当てはまる人は、膣筋が緩んでいたり、反り腰になっている可能性が大です。

日常生活 編

□ あおむけに寝ると腰が痛いので横向きで寝る

□ ハイヒールをはくことが多い

□ 洗い物をすると下腹がビチャビチャに濡れる

体形＆お悩み 編

- □ 慢性的な肩こり
- □ あばら骨が
ボコッと出ている
- □ ウエストにくびれがない
- □ 腰痛持ち
- □ 下腹が出ている
- □ お尻がタレている
- □ 前もも、外ももが
パツパツに張っている
- □ むくみやすい
- □ 冷え性

チェックテスト 編

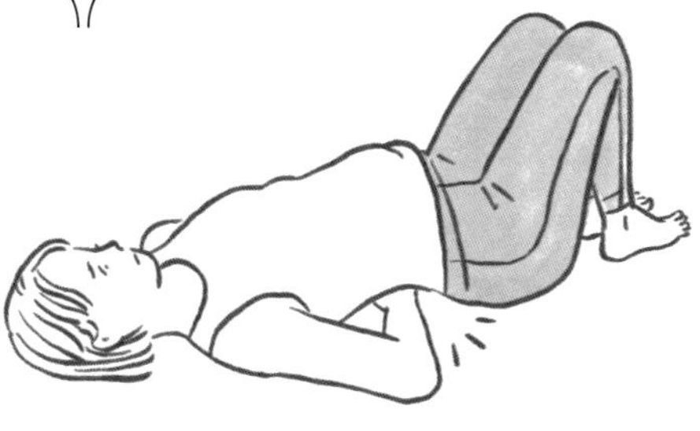

- □ あおむけになったとき
腰と床のすき間に手のひらが余裕で入る

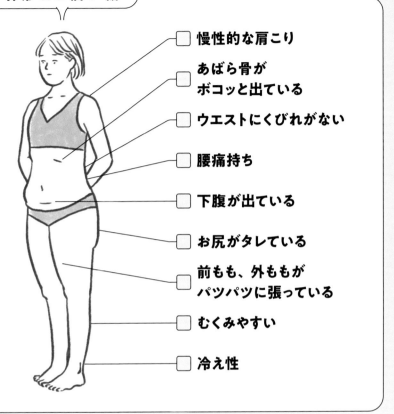

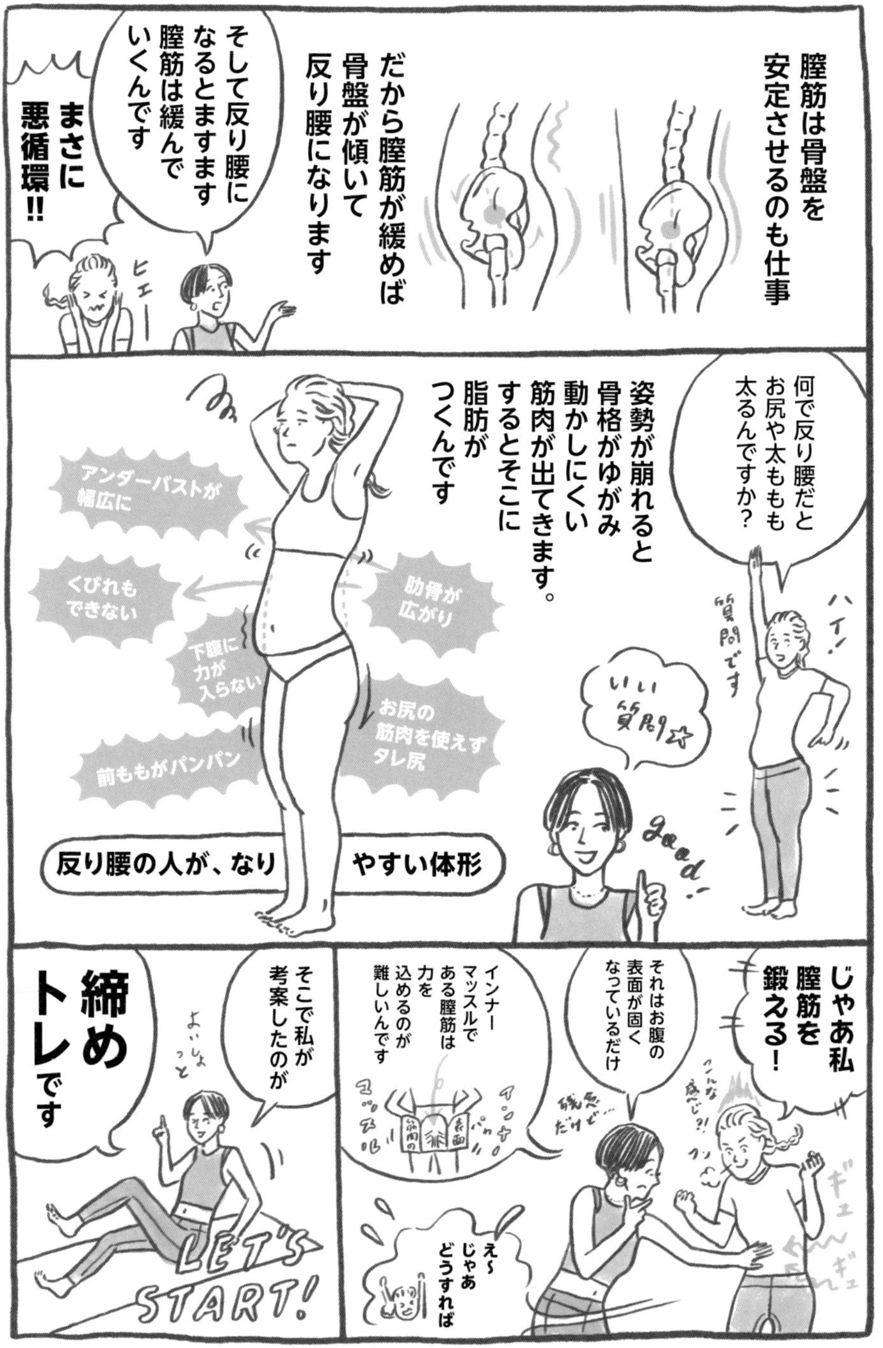

膣筋は骨盤を安定させるのも仕事
だから膣筋が緩めば骨盤が傾いて反り腰になります
そして反り腰になるとますます膣筋は緩んでいくんです
ヒエー
まさに悪循環!!
何で反り腰だとお尻や太ももも太るんですか?
ハイ!
質問です
いい質問☆
good!
姿勢が崩れると骨格がゆがみ動かしにくい筋肉が出てきます。するとそこに脂肪がつくんです
アンダーバストが幅広に
肋骨が広がり
くびれもできない
下腹に力が入らない
お尻の筋肉を使えずタレ尻
前ももがパンパン
反り腰の人が、なりやすい体形
じゃあ私膣筋を鍛える!
それはお腹の表面が固くなっているだけ
インナーマッスルである膣筋は力を込めるのが難しいんです
え〜じゃあどうすれば
そこで私が考案したのが
締めトレです
よいしょっと
LET'S START!

膣筋と連動する筋肉を一気に動かすことで膣筋もしっかり締められるんです
1
20回 1set
2
UP
1カ月で下腹、太もも、おなか、お尻
気になる部位がグングン締まります！
私にはハードルが高そう
ムリかも…
締めトレがラクになる準備ストレッチがあるので
自信がない人も大丈夫
まずは1日3回でもOK!!
ちょいキツですが必ず腹ペタになれます
「ラク」といわれるダイエット結局やせなかったもんな…
チラ
プニ
おつかれさまでした！
キラーン
ペッタリ
プリ！
スラ～!!
やっぱり
めぐ先生についていきます！
お任せください
いっしょにペタ腹つくりましょう！
キャ
そして飲みにも行きましょー！

膣筋をキュッと締めるのがボディメイクの近道

膣筋は加齢や出産、ジョギングなどでダメージを受ける

下腹がぽっこり出ているなら、下腹の筋肉を鍛えればいいと思いがちですが、真っ先にやるべきは、膣まわりの筋肉「骨盤底筋群」のトレーニングです。私は「膣筋」と呼んでいますが、膣筋が衰えると、すぐに下腹がぽっこり出るうえ、姿勢が崩れ、体じゅうのあちこちに脂肪がつきやすくなるからです。

膣筋は、骨盤の底に位置するハンモック状の筋肉群で、厚さは5～9㎝ほど。「子宮や膀胱などの内臓を下支えする」「骨盤を安定させる」というのが、ボディメイクにおける膣筋の重要な役割です。

膣筋は、加齢とともに衰えやすく、出産の際には引き伸ばされることで、大きなダメージを受けます。ほかに重いものを持ったり、ジョギングなどの刺激でも弱りやすい特性があります。鍛えることで、尿もれや、骨盤臓器脱※の予防・改善にも役立ちます。

※骨盤にある子宮、膀胱、直腸などの臓器がだんだんと下がり、膣から体外に出てしまう病気

膣筋（骨盤底筋群）とは？

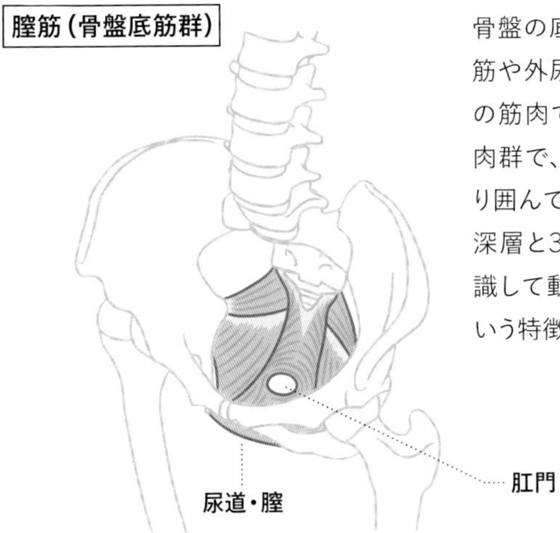

骨盤の底にある外肛門括約筋や外尿道括約筋など複数の筋肉で構成されている筋肉群で、肛門、尿道、膣を取り囲んでいる。浅層、中間層、深層と3層になっており、意識して動かすのが難しいという特徴がある。

膣筋（骨盤底筋群）の役割＆特性

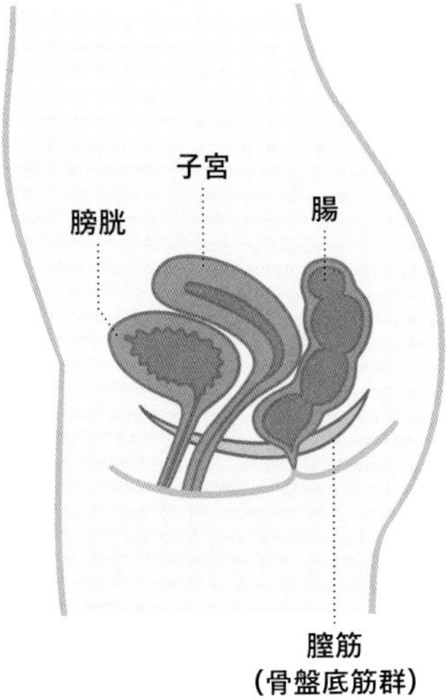

膣筋は腸や子宮、膀胱などの臓器を下支えしている。肛門、尿道、膣を締めたり緩めたりコントロールするのも膣筋の仕事。緩んでくると、くしゃみをしたり重いものを持ち上げたりするなど腹圧がかかったタイミングで尿がもれやすくなる。

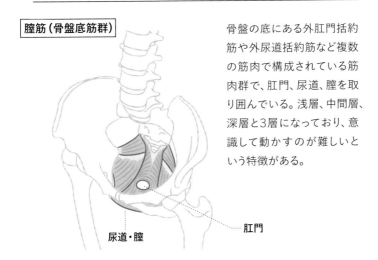

下腹ぽっこりの原因 下垂した内臓が 元の位置に戻る

内臓下垂による下腹ぽっこりは 膣筋を鍛えて初めてヘコむ

膣筋は子宮や膀胱などの内臓を下支えしているため、膣筋が緩むと内臓が骨盤内に落ちやすくなります。内臓下垂すると、下腹にあるのは脂肪ではなく内臓のため、ダイエットしても下腹はヘコみません。

内臓下垂のデメリットは、下腹ぽっこりだけではありません。内臓が本来の位置より下がり、なおかつ押しつぶされることで、動きが悪くなります。そのため、便秘になったり、生理痛がひどくなったりするなど、さまざまな不調が引き起こされるのです。また、血行やリンパの流れも悪くなるので、老廃物がたまりやすく、冷えてむくみやすくなります。

膣筋と、後述する「腹横筋」が締まると、内臓は本来の位置に復活。締めトレをすると腹横筋も刺激できるので、みるみるおなかがスッキリします。

下腹が出ている原因は脂肪でなく内臓下垂かも

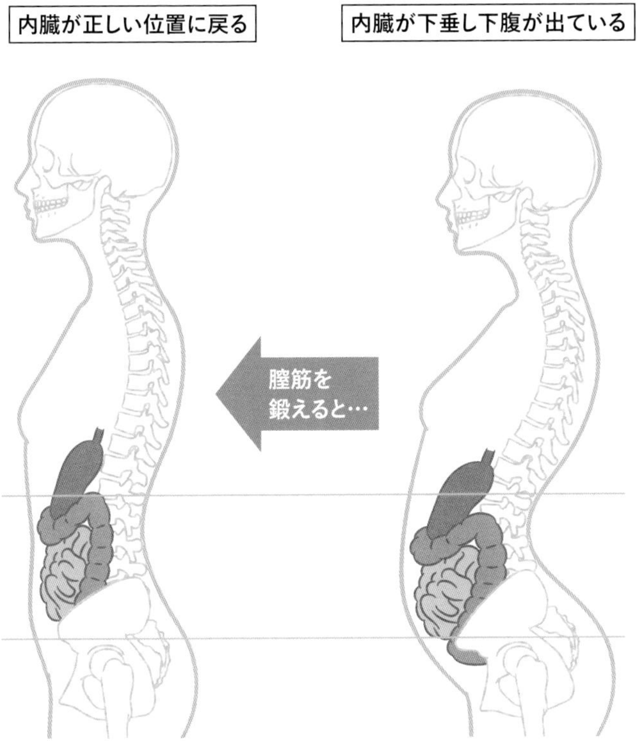
内臓が正しい位置に戻る
内臓が下垂し下腹が出ている
膣筋を
鍛えると…

膣筋が締まれば、体脂肪が1gも減らなくても、内臓が本来の位置に戻り下腹がスッキリ！ 内臓の働きがよくなり、リンパの流れもよくなることで、老廃物や余分な水分を排出しやすく、全身がスッキリする。

反り腰になり膣筋が緩むと、支えがなくなり内臓が本来の位置よりも下がってくる。すると下腹が出るうえ、臓器はうまく働けず機能が落ちることに。便秘や生理痛、冷え性、むくみなどの不調が出やすくなる。

インナーユニットが活性化し天然のコルセットが機能する

インナーユニットが締まり腹圧が高まると美姿勢に

胸部には肋骨があり、心臓や肺を守っていますが、おなかまわりに内臓を囲む骨はありません。代わりに内臓を守りおなかまわりを支えているのが、膣筋（骨盤底筋群）、腹横筋、多裂筋、横隔膜の4つの筋肉です。この4つの深層筋のことを「インナーユニット」といい、インナーユニットがキュッと締まることで、腹圧が高まり、体幹が安定。腹圧が高まると、肋骨と骨盤の間隔が開いておなかが伸び、姿勢もよくなります。

インナーユニットの中でもおなかまわりを帯のように覆っている腹横筋は「コルセット筋」と呼ばれるほど、おなかの引き締めに貢献している筋肉。厚みはないので大きな力を発揮することはできませんが、美姿勢を保ちおなかを締め続けてくれます。

膣筋を鍛えれば、その刺激はほかの3つの筋肉にも波及。インナーユニットがしっかり働くようになります。

おなかの深層筋「インナーユニット」とは

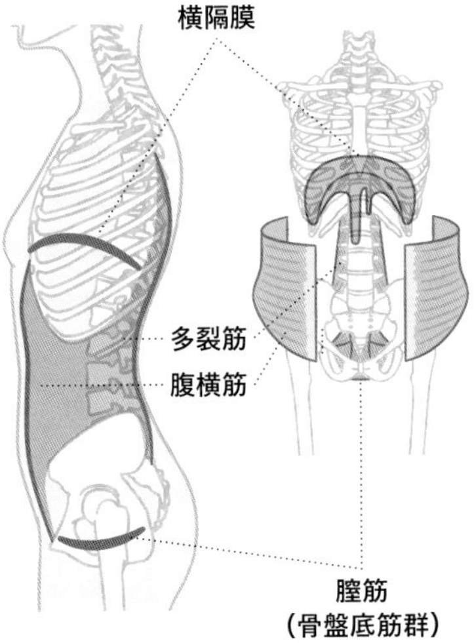

「インナーユニット」とは、腟筋(骨盤底筋群)、腹横筋、多裂筋、横隔膜の4つの深層筋のことを指す。インナーユニットが囲んでいる空間である「腹腔」内には内臓が入っている。

腹圧が高まると反り腰が直りおなかがヘコむ

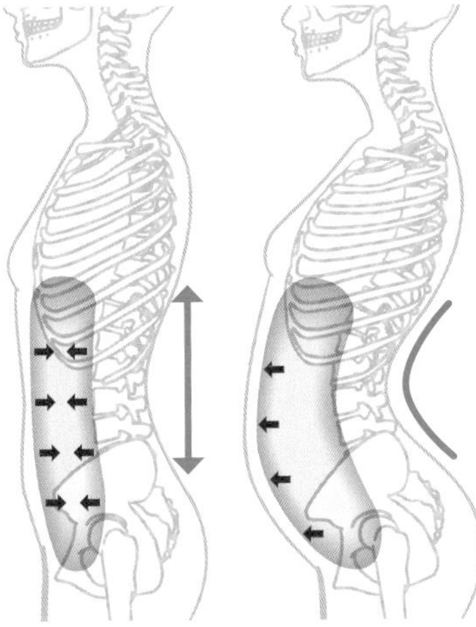

インナーユニットから力が抜けると、おなかを真っすぐ支えるものが背骨だけになり、反り腰が悪化しやすくなる(イラスト右)。腟筋を鍛えインナーユニットが働くと、四方から腹腔に力がかかり腹圧が高まる(イラスト左)。するとおなかを伸ばしやすくなり、反り腰も解消する。

膣筋と横隔膜が向かい合い呼吸でおなかが締まっていく

膣筋が緩めば反り腰になり反り腰だと膣筋が緩む

膣筋は、骨盤が真っすぐ立つのをサポートしています。そのため膣筋が弱ると、骨盤は前後、左右に傾くことに。女性の骨格は、骨盤が前に倒れやすいため、膣筋が緩むと反り腰が悪化していく女性が多く見られます。

そして、反り腰でいると、膣筋に力を込めにくくなります。というのも膣筋は、呼吸をコントロールしている横隔膜と向かい合って働き、特に息を吐くときは横隔膜と膣筋が連動して引き上がるから。反り腰だと膣筋が横隔膜に対して平行でなくなるため、「吐く息で引き上がる動き」が弱まり、衰えやすくなるのです。

膣筋が弱ると反り腰になりやすく、反り腰だとさらに膣筋が緩くなる悪循環に陥るわけです。いくら姿勢改善を意識しても、膣筋が弱ければ骨盤を立てておくことはできません。まず必要なのは膣筋をトレーニングして骨盤を立てることなのです。

姿勢別・横隔膜と膣筋の位置関係

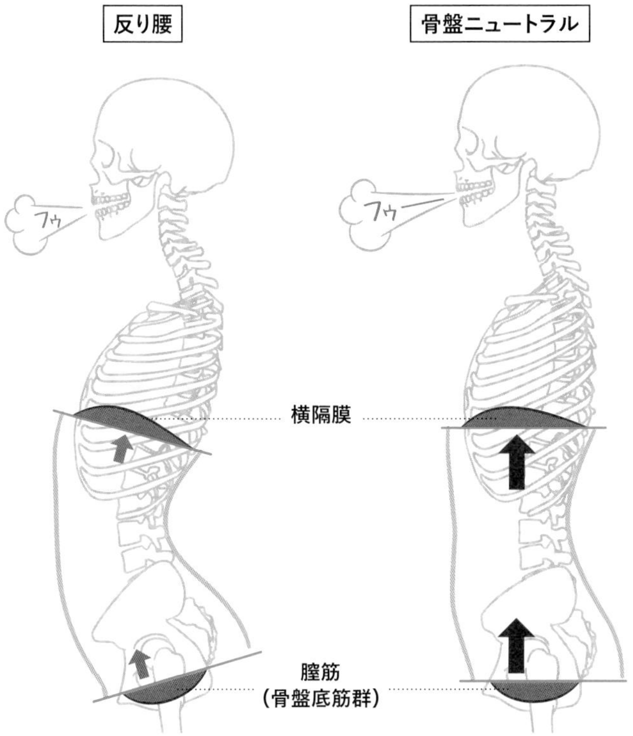

反り腰だと、横隔膜と膣筋が平行に向かい合わない。息を吐くときも横隔膜と連動して引き上がる動きが小さくなるため、膣筋も横隔膜も衰えやすく、緩みやすくなる。

横隔膜に対して膣筋が平行に位置している。息を吐くときは横隔膜と膣筋が連動しやすいため、呼吸のたびに膣筋がしっかりと引き上がり自然と鍛えられる。

姿勢がよくなることで抗重力筋が働き出す

美姿勢で働く抗重力筋が代謝を高めてくれる

膣筋を鍛えると反り腰が直り、姿勢が改善します。すると、おなかまわりだけでなく、脚やお尻、背中など、気になる部分がどんどん引き締まっていきます。

それは、背筋を伸ばした美姿勢をキープすることで、「抗重力筋」が働くから。抗重力筋というのは重力に抗って体を真っすぐ保つのに働く筋肉のこと。反り腰や猫背でいるとうまく力を入れることができず、背筋を伸ばしたいい姿勢だと、バランスよく使いやすいのが特徴です。

いい姿勢を保つのに働く抗重力筋は、脊柱起立筋や大殿筋、ハムストリングスなど、体の中でも大きな筋肉です。これらの筋肉を使えるようになると、ボディラインが引き締まるだけでなく、エネルギーの消費量が高まります。これまでと同じ食事量であっても、太りにくくなるのです。

姿勢と抗重力筋の関係

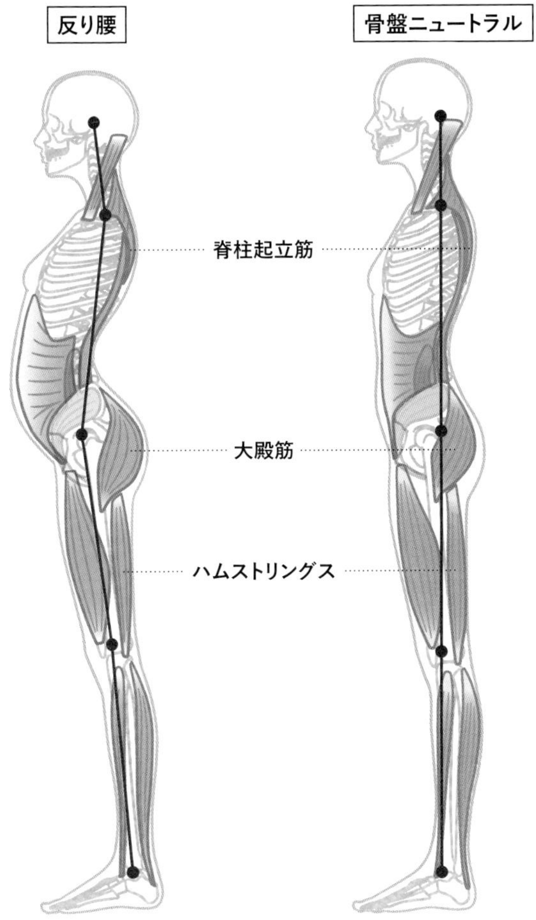

反り腰だと、横から見たとき頭、肩、腰、ひざ、足首をつなぐラインがガタガタにズレている（イラスト左）。膣筋が締まって反り腰が直ると、この5点が真っすぐそろった美姿勢に（イラスト右）。すると抗重力筋が働きやすくなり、ボディラインが締まっていく。

膣筋は鍛えにくい…だから「筋連動」を使ってまとめて鍛える

内ももの内転筋群に力を込めると膣筋も刺激できる

筋肉には体の深層にあるインナーマッスルと、表面に近いところにあるアウターマッスルがあります。インナーマッスルは、自分で意識して力を込めるのが難しく、膣筋も例外ではありません。膣筋を締めているつもりでも、腹直筋や大殿筋などのアウターマッスルだけが硬くなっているというケースも。

そこで「締めトレ」は、膣筋と連動しやすい筋肉に同時に力を込めることで、膣筋にアプローチ。特に、膣筋といっしょに働く内転筋群を使うエクササイズになっています。ほかにも「お尻の穴をキュッと締める意識を持つ」「呼吸と連動させることで、横隔膜や腹横筋も動かす」など、膣筋を刺激する工夫を盛り込みました。１週間続ければ、尿もれの改善を実感できるはず。「内もものタプタプが締まってきた」「腰痛が消えた」など、みるみる体の変化を感じられます。

膣筋と内転筋群の関係

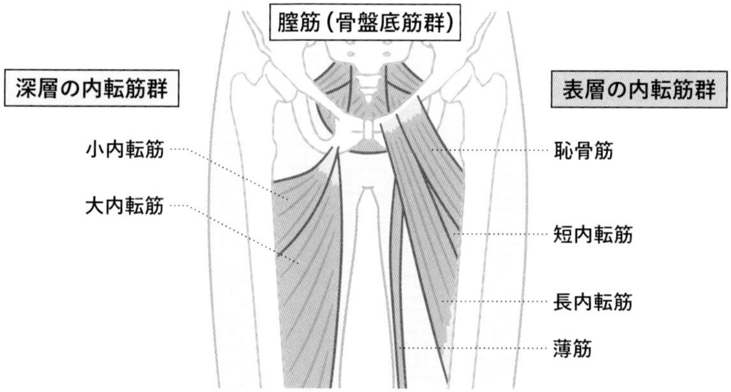
膣筋（骨盤底筋群）
深層の内転筋群
表層の内転筋群
小内転筋
大内転筋
恥骨筋
短内転筋
長内転筋
薄筋

膣筋（骨盤底筋群）は内転筋群といっしょに働く「協働筋」の関係。そのため、内転筋群に力を込めると、自動的に膣筋もトレーニングできる。

基本の締めトレで刺激する筋肉

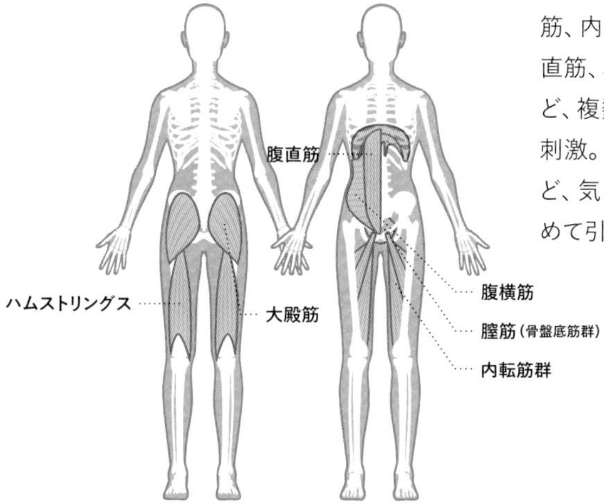
腹直筋
ハムストリングス
大殿筋
腹横筋
膣筋（骨盤底筋群）
内転筋群

基本の締めトレでは、膣筋、内転筋群のほか、腹直筋、ハムストリングスなど、複数の筋肉を同時に刺激。おなかや太ももなど、気になる部位をまとめて引き締められる。

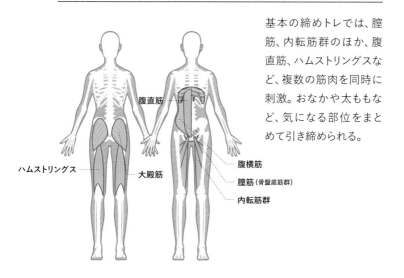

COLUMN

やせメソッドを確立し 12kgのダイエットに成功 トレーナー許 恵のボディ遍歴

今でこそ43kg、体脂肪率17%のボディをキープしていますが、元からやせ体質だったわけではありません。食べるのが大好きで、太り始めたのは15歳のころ。20歳のときに一念発起してダイエットしましたが、大好きなお酒も食べることもやめられずリバウンド。25歳で人生MAXの60kgにまで達してしまいました。

当時も運動は好きだったのですが、摂取するカロリーに消費カロリーが追いつかず、ボディラインは崩れっぱなし。食べたいものを食べながらやせるには、どんな運動をすればいいのか。試行錯誤しながら「締めトレ」をはじめとしたダイエットメソッドにたどり着き、1年で12kgのダイエットに成功！ その経験を生かし、トレーナーの道へ進むことにしました。

せっかく運動しても、結果がついてこない……という、昔の私のような失敗をしてほしくない。そんな気持ちで、「一生太らない、おいしく楽しいダイエット」を提案しています！

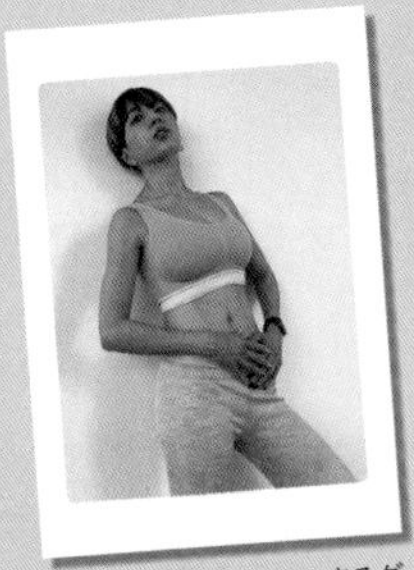

効率よくボディメイクできるダイエットメソッドを確立。毎晩お酒を飲みながら、ベストボディをキープしています。

人生MAXの60kgを記録。食べたいものを食べてやせる方法を探求しながら、ダイエットをスタート。

お酒とおいしいものの誘惑に勝てず……。食欲に火がつくと、ドカ食いが止められませんでした。

食べることが大好きだった学生時代。顔も体もまん丸でした。

PART 2
締めトレのやり方

ー締めトレの手順ー

動きの悪い関節や筋肉をほぐす「準備ストレッチ」を行ってから締めトレを実践。これで、運動習慣がない人も、スムーズに動けます。「締めトレが物足りない」という人のために、レベルアップバージョンもご用意しました。

STEP 1 準備ストレッチ

長年反り腰でいると、骨盤が前傾し背骨を反らせた姿勢がクセづいています。これをストレッチでほぐしましょう。力を入れにくくなっているインナーマッスルの腹横筋は、ドローインで刺激して目覚めさせます。準備ストレッチだけでもボディメイク効果あり！

STEP 2 基本の締めトレ

基本の締めトレである「フロッグリフト」を20回×2セット行います。「準備ストレッチ」→「フロッグリフト」をセットにして、ぜひ毎日の習慣に。まずは1カ月続けることを目標にしましょう。膣筋が活性化して反り腰が直り、下腹がぺっこりとへコんできます。

STEP 3 レベルアップ締めトレ

エクササイズを追加したい、もっと負荷の高いエクササイズを取り入れたいという人は、レベルアップバージョンにトライを。よりスピーディーにボディメイクできます。その場合「フロッグリフト」は省いてもOK。準備ストレッチは毎回行いましょう。

あおむけドローイン

P.42

キャット&カウ

P.40

骨盤転がし

P.38

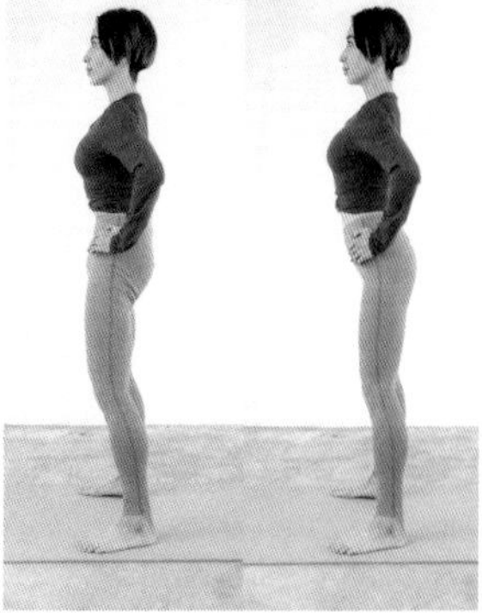

フロッグリフト

P.44

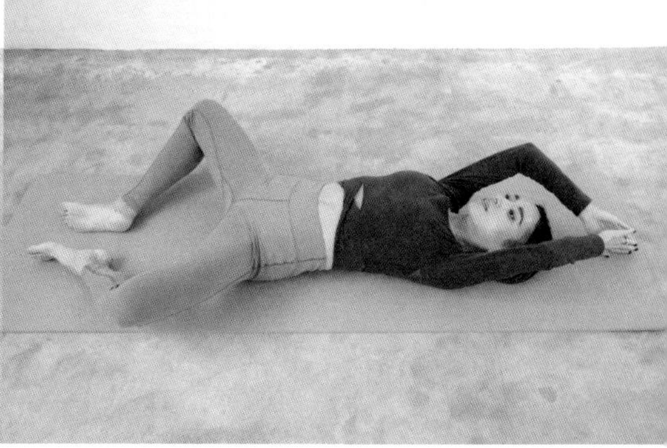

フルヒップアップ

P.52

フロッグタッチ

P.50

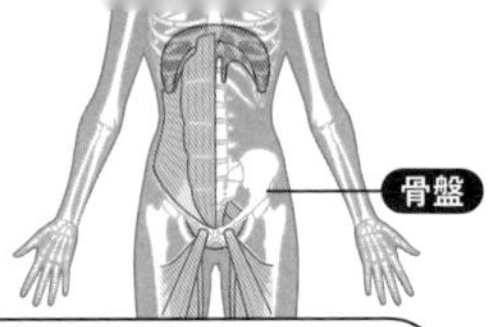

骨盤を動かしペタ腹の基礎をつくる

骨盤転がし

20回×1セット

START

足を腰幅に広げ
手を腰に当てる

1

骨盤を前に倒す

下腹を床に向けるように、骨盤を前傾させます。頭から足首まで、一直線をキープすることを意識しましょう。

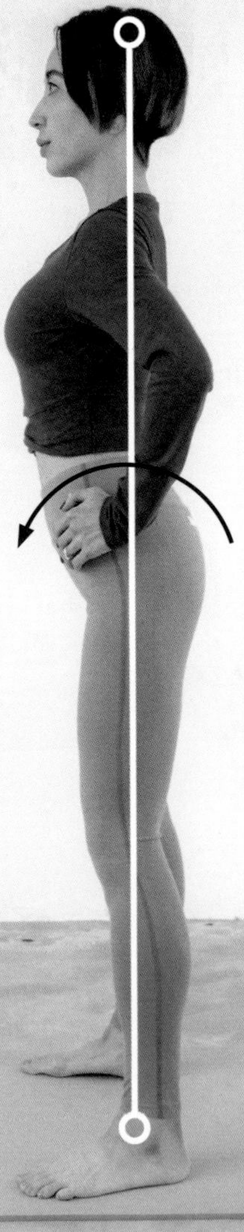

骨盤といっしょに
上体が前に倒れる

POINT

- 体は真っすぐにキープして骨盤だけを前後に動かす
- 慣れたら、前に倒しながら吸い、後ろに倒しながら吐く

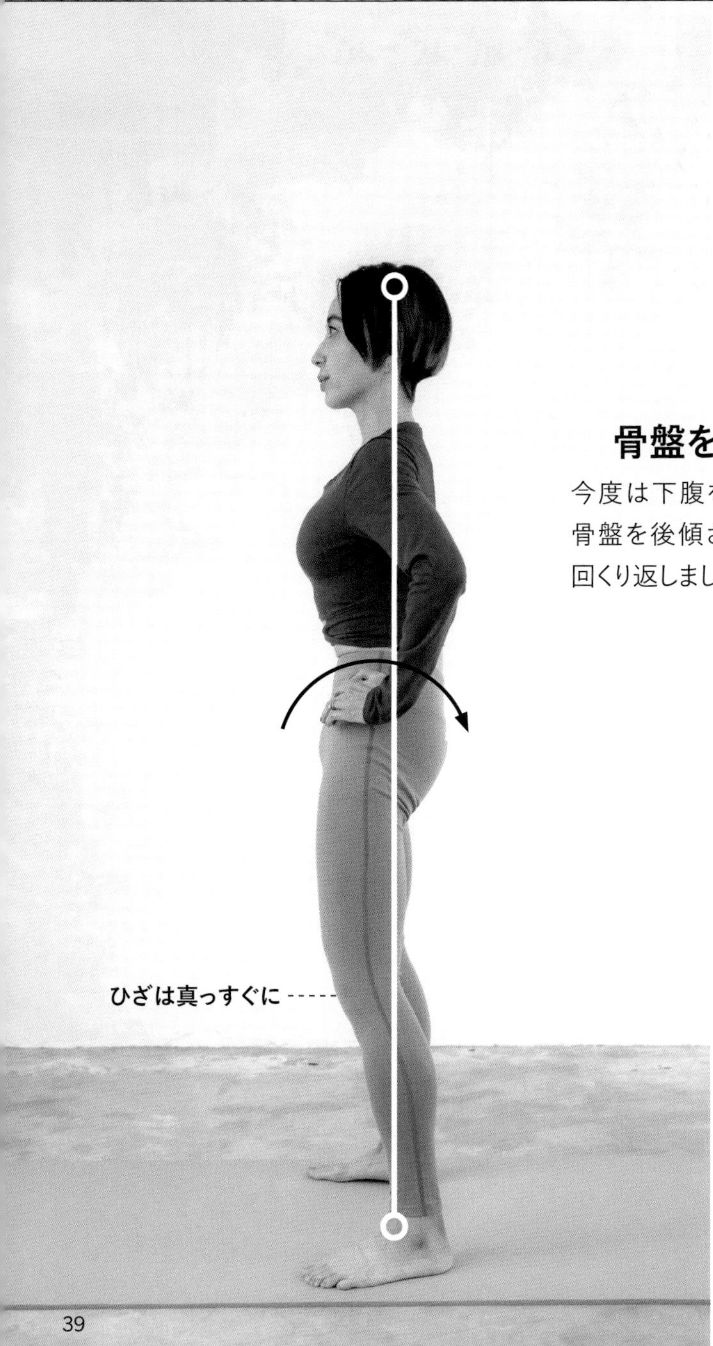

2

骨盤を後ろに倒す

今度は下腹を上に向けるように、骨盤を後傾させます。**1**、**2** を20回くり返しましょう。

上体が後ろに倒れる

ここに効く

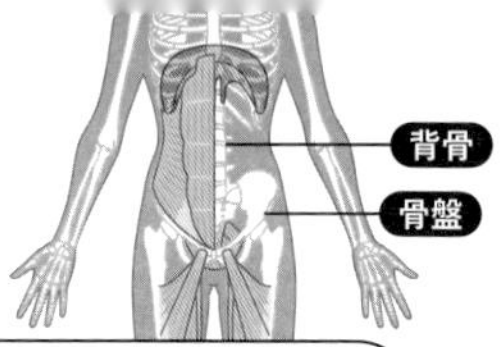
背骨
骨盤

背骨を1個ずつしなやかに動かす

キャット＆カウ

20回×1セット

START

よつんばいになる

1

背中を丸める

手が肩の真下になるように位置を調整しましょう。そのまま息を吐きながら、ゆっくりと背中を丸めます。

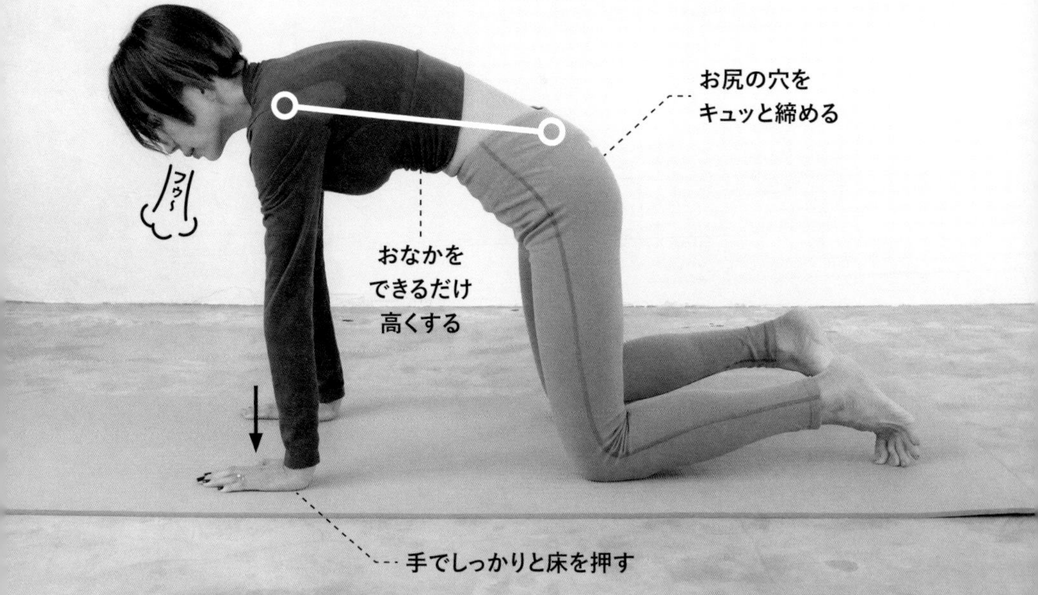
フゥ~
お尻の穴を
キュッと締める
おなかを
できるだけ
高くする
手でしっかりと床を押す

POINT

- ゆっくりと呼吸しながら、呼吸と動きを連動させる
- 背骨をしならせることを意識する

2

背中を反らせる

今度は息を吸いながら、背中を反らせましょう。**1**、**2**を20回くり返します。

体勢を変えても、
肩とお尻は同じ位置にキープ
スゥ~

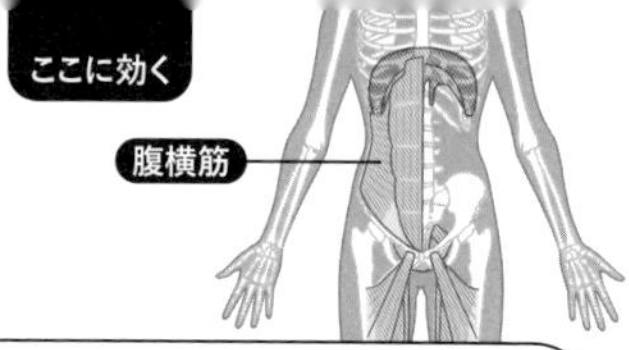

おなかに力を入れる感覚を養う

あおむけドローイン

20回×1セット

1

あおむけになり ひざを立てる

あおむけになり両ひざを立てます。体はリラックスさせましょう。そのまま大きく息を吸います。

※写真はおなかの動きが分かるよう手を上げています。手の位置はどこでもOK。

POINT

- 息を吐き切るまでおなかをしっかりヘコませる
- 腰を床から浮かせず、床に押しつけるイメージで

コツをつかめば 立ったままいつでもできる

あおむけは、体重を支えなくてもいい分、おなかの動きに集中できるのがメリット。慣れたら立ったままでもドローインできます。信号待ちなどのときに、息を吐きながらおなかに力を込めてみて。

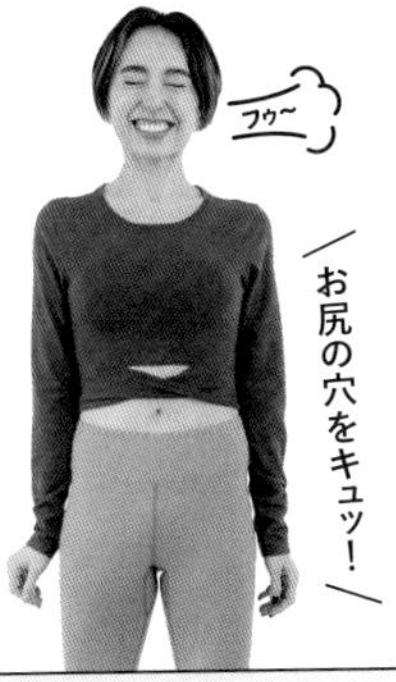
フゥ~
お尻の穴をキュッ!

2

息を吐きながら おなかをヘコませる

口から細く長く息を吐き、同時におなかをヘコませます。このとき下腹に力を入れて腰を丸め、腰と床のすき間を埋めることを意識。**1**、**2**を20回くり返します。

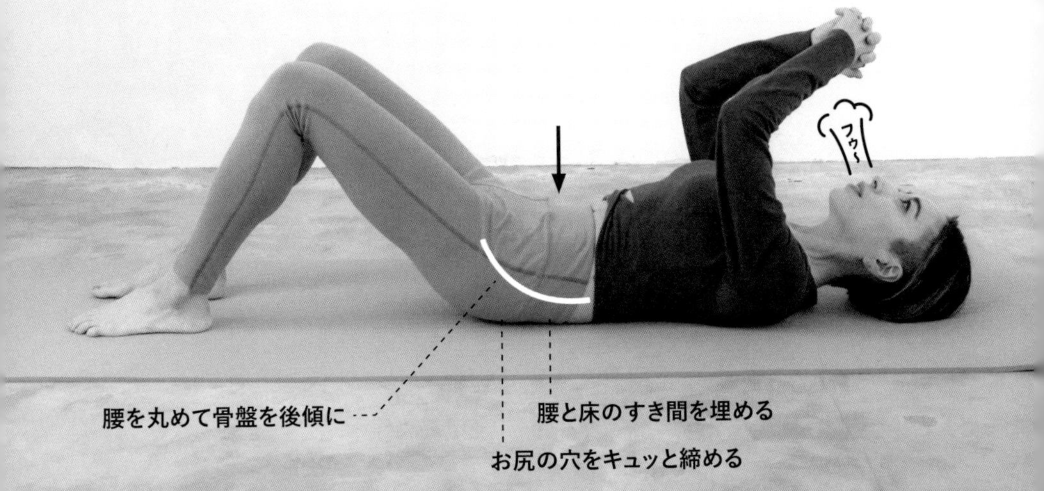
フゥ~
腰を丸めて骨盤を後傾に
腰と床のすき間を埋める
お尻の穴をキュッと締める

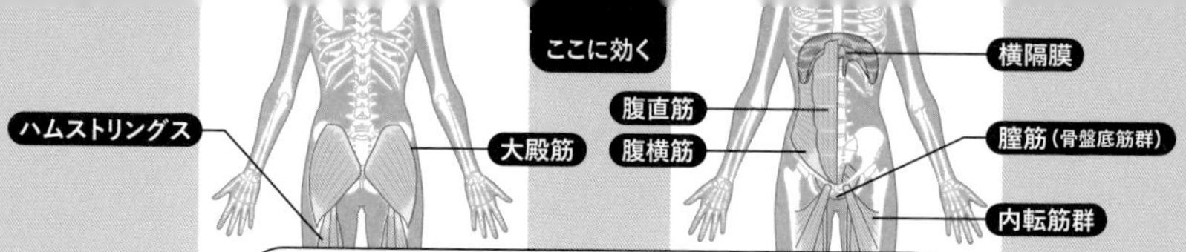
ここに効く
ハムストリングス
大殿筋
腹直筋
腹横筋
横隔膜
膣筋（骨盤底筋群）
内転筋群

膣筋に通じる筋肉を一気締め

フロッグリフト

やり方

20回×3セット

※セット間休憩は10秒

おなか、下腹、お尻、太もも…
気になる場所を一気に引き締めます。

1

あおむけになり ひざを開く

あおむけになり腕を頭のほうへ下ろします。
ひざは外側に向けてしっかり開きましょう。

横から見たところ

一気に締める!
キュッ!
ひざを開いて
脱力

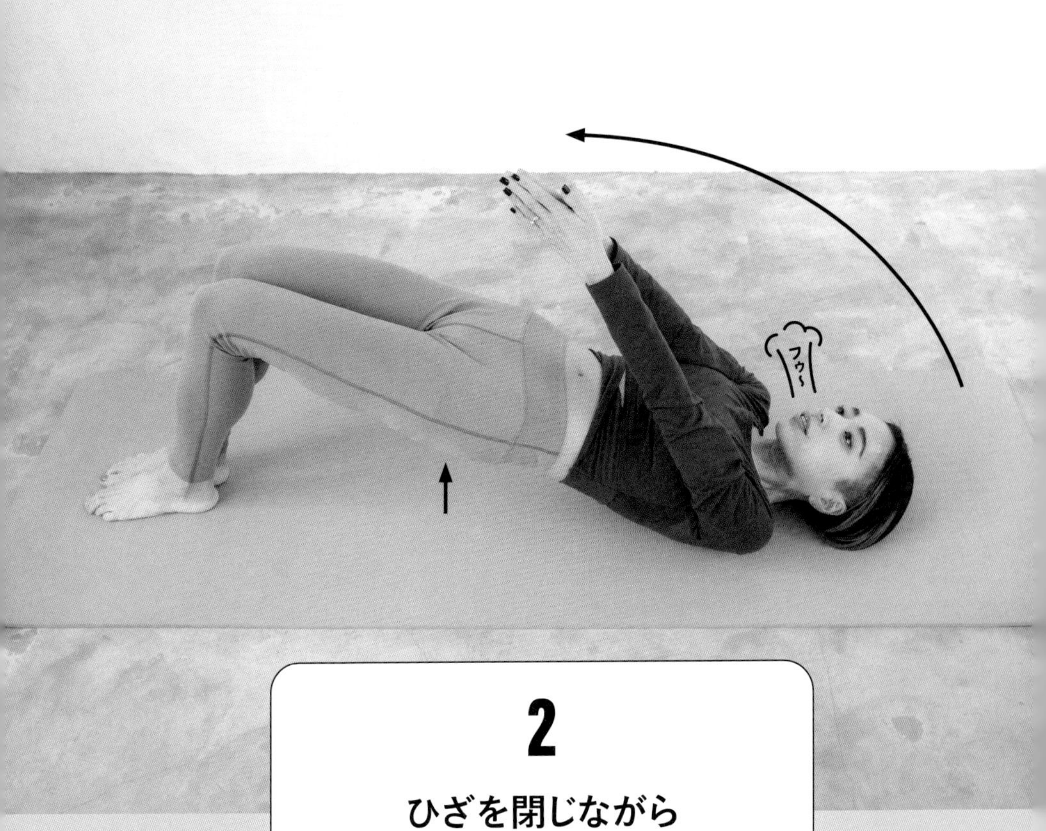
フゥ~

2

ひざを閉じながら お尻を浮かせる

ひざを閉じながら、お尻を引き上げて床から浮かせます。このとき息は吐くこと。同時に両腕をおへそのほうへと下ろします。ゆっくりと**1**の姿勢に戻り、**1**、**2**を20回くり返しましょう。

フロッグリフトを効かせるために
気をつけたいポイントをチェックしましょう。

POINT

POINT 1
おなかをしっかり伸ばす

腕を頭のほうへ下ろすのは、おなかを伸ばすため。おなかが頭と足へ向かって上下に引っ張られ、伸びていることを感じます。

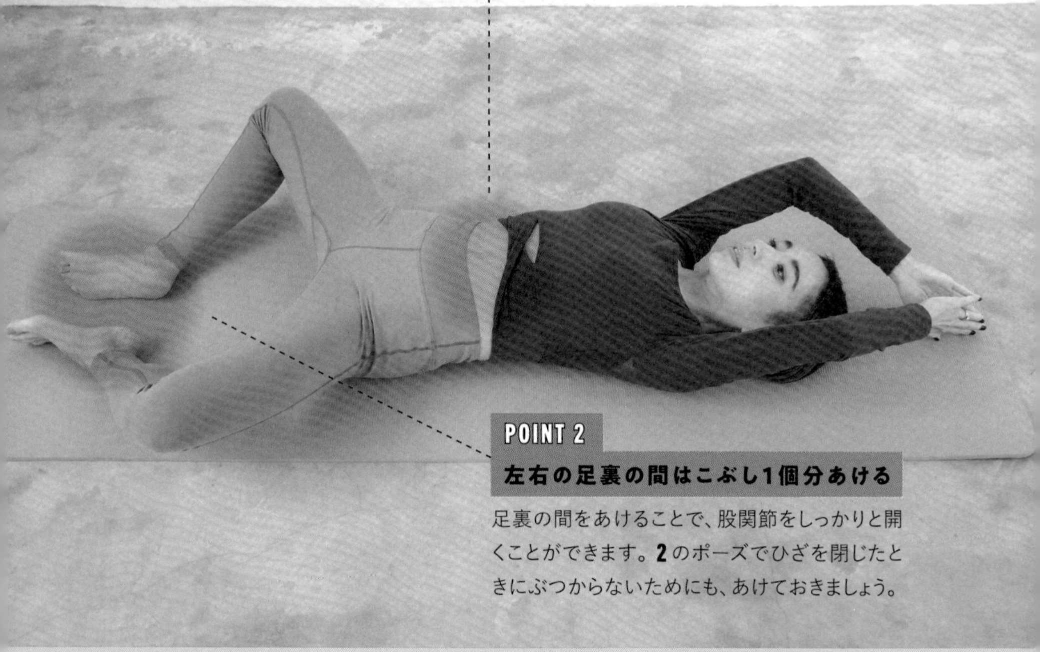

POINT 2
左右の足裏の間はこぶし1個分あける

足裏の間をあけることで、股関節をしっかりと開くことができます。**2**のポーズでひざを閉じたときにぶつからないためにも、あけておきましょう。

1

あおむけになり ひざを開く

NG
×
腰を反って
お尻を上げてはダメ

POINT 4
ひざをギュッと閉じる

開いていたひざをギュッと閉じる動きで内転筋群が使われ、膣筋が連動して締まります。左右のひざをしっかり合わせましょう。

POINT 3
おなかと腰を丸める

腰を反ればお尻が床から浮きやすくなりますが、下腹や大殿筋に力が入りません。おなかと腰は丸めること。

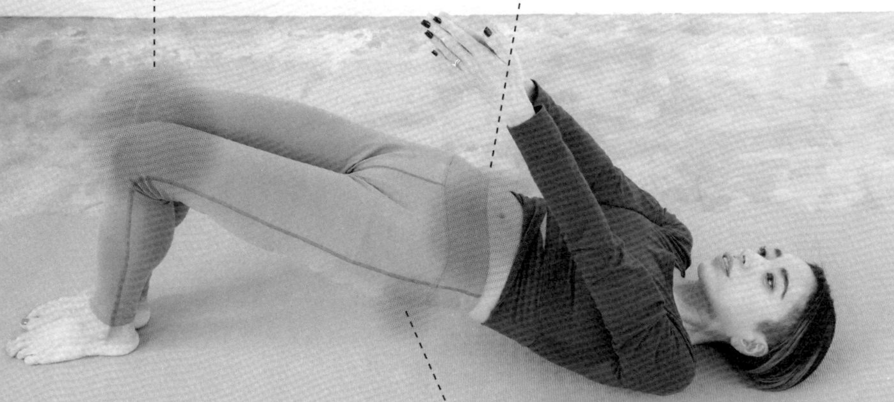

POINT 6
下りるときは上の背骨から1個ずつ

2から**1**の姿勢へ戻る際、ドンッと体を下ろしてはダメ。背骨を1個ずつ床に下ろすイメージで、背骨をしならせながら下ります。

POINT 5
お尻の穴をキュッと締める

お尻を上げるとき、お尻の穴を締める意識を持ちます。これで大殿筋が刺激され、膣筋も締まりやすくなります。

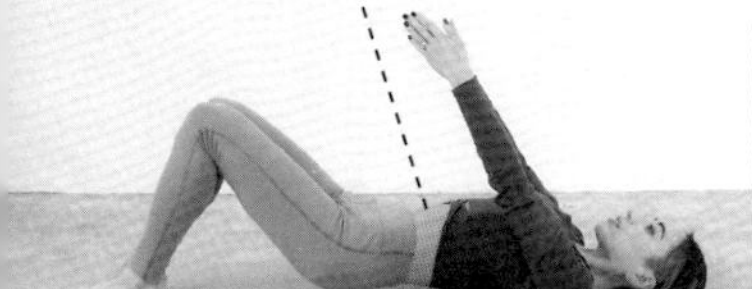

2
ひざを閉じながら お尻を浮かせる

フロッグリフトで刺激している筋肉

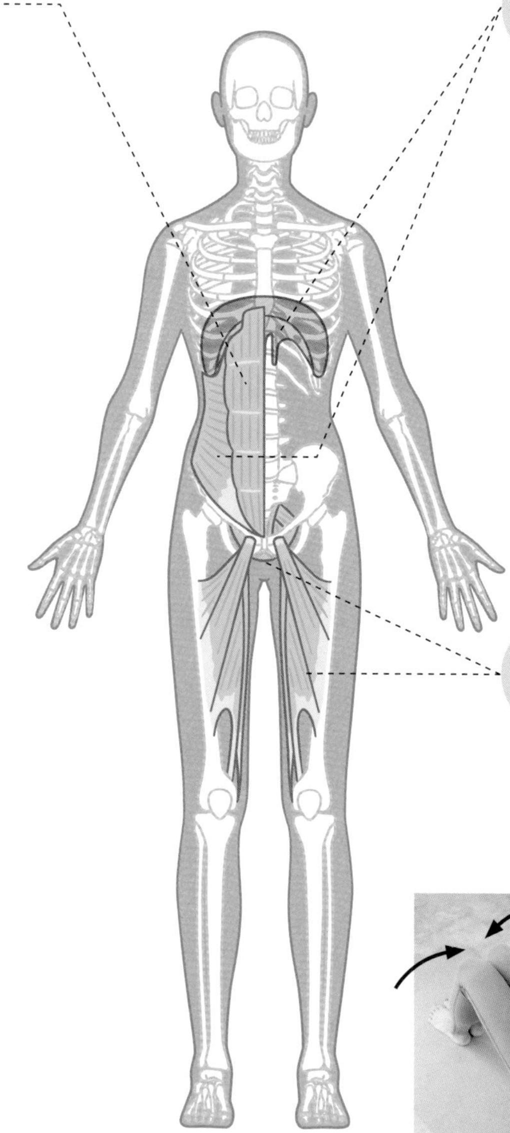

息を吐くことで 腹横筋&横隔膜を刺激

お尻を上げる際、息を吐きながら動きます。息を吐きながらおなかに力を込めることで、横隔膜とおなかのインナーマッスルの腹横筋に効かせています。

ひざを閉じる動きで 内転筋群&膣筋を刺激

大きく開いていたひざを閉じるときには、内ももの内転筋群が使われます。内転筋群は膣筋と連動する特性があるので、膣筋もギュッと締まります。

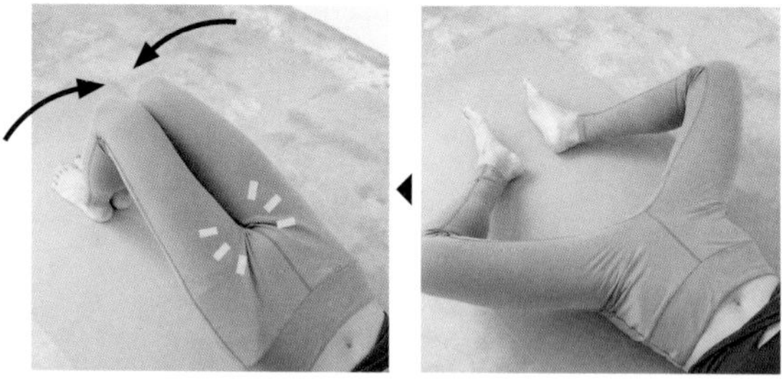

フロッグリフトに組み込まれているさまざまな動きが、
それぞれどの筋肉に効いているのか解説します。

おなかを伸ばして縮める動きで腹直筋を刺激

腹直筋はおなかを縦に走る長い筋肉で、おなかを縮めるときに力を発揮。フロッグリフトでは、最大限伸びた姿勢から一気に縮めることで、負荷を高めています。

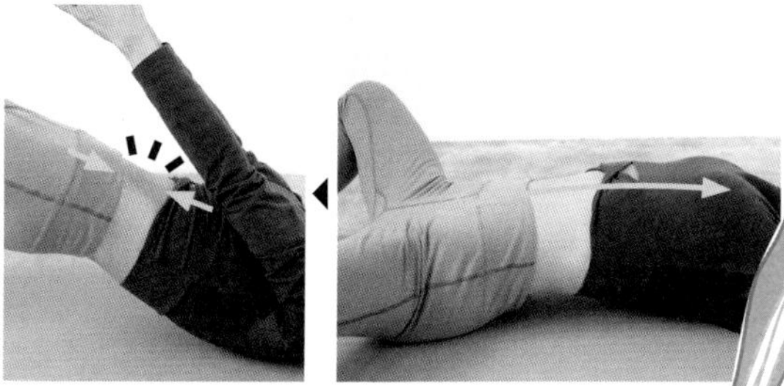

お尻の穴をキュッと締めながらお尻を持ち上げ膣筋と大殿筋ハムストリングスを刺激

お尻を浮かせる際、お尻の穴をキュッと締めるのは、フロッグリフトの最重要ポイント。これにより、大殿筋に力が入り、なおかつ膣筋も締まりやすくなります。

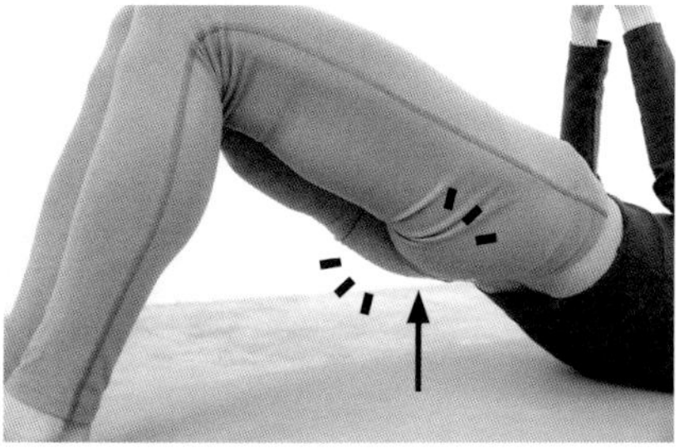

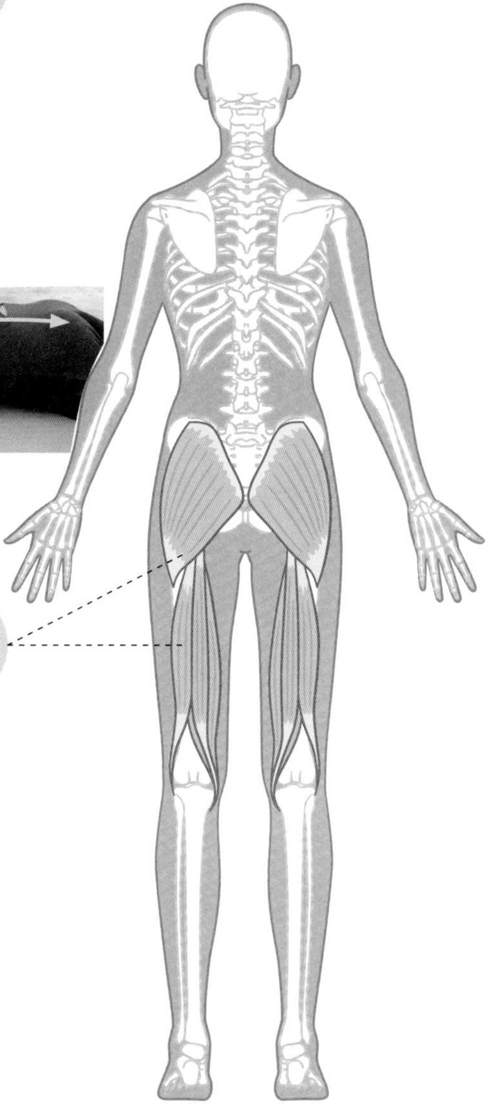

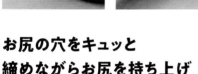

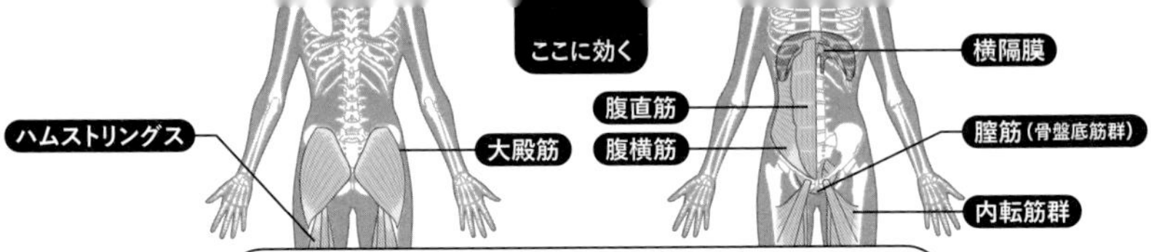

体重を支える分、負荷がアップ！

フロッグタッチ

20回×3セット

※セット間休憩は10秒

START

よつんばいになり
ひざを軽く広げる

1

ひざを大きく広げる

つま先の位置は変えず、ひざを肩幅よりも大きく広げます。ひざの位置が股関節の真横になるよう意識しましょう。

POINT

- ひざは軽くタッチするのではなく、太ももに力を入れてしっかりつける
- お尻が引けないように前のめりになるイメージで

2

お尻の位置が
キープできている

おなかの力が抜けると
お尻が引けやすいので注意

1

ひざが股関節の
真横にある

ひざの位置が
股関節より後ろ

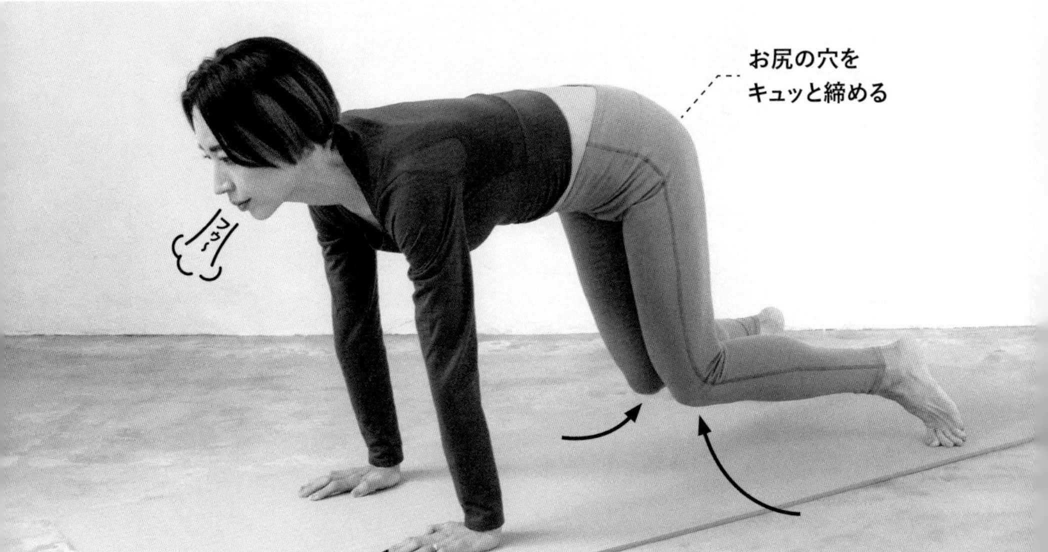

2

体を引き上げ
両ひざをくっつける

息を吐きながらおなかに力を入れて体を引き上げ、同時にひざを閉じます。ひざはしっかりつけましょう。**1**、**2**を20回くり返します。

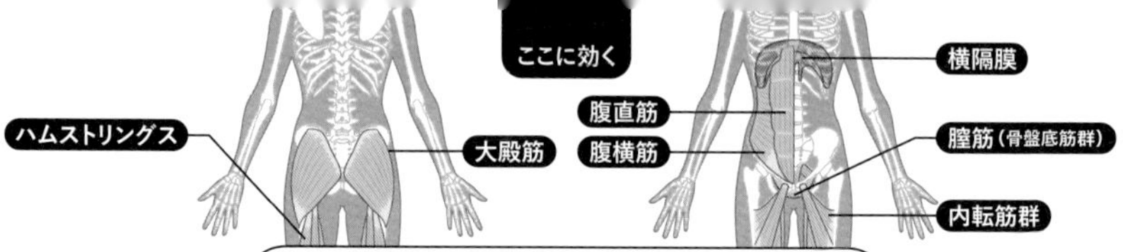
ここに効く
ハムストリングス
大殿筋
腹直筋
腹横筋
横隔膜
膣筋（骨盤底筋群）
内転筋群

二の腕の振り袖肉も取れる！

フルヒップアップ

20回×3セット

※セット間休憩は10秒

START

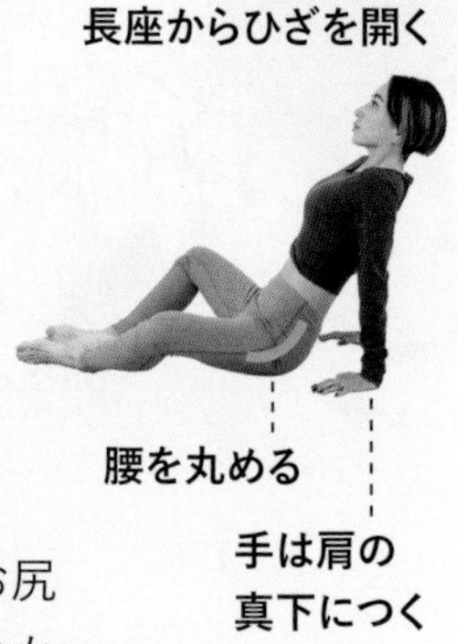
長座からひざを開く
腰を丸める
手は肩の
真下につく

1

ひざを閉じながら お尻を引き上げる

開いていたひざを閉じながら、同時にお尻をできるだけ高く上げます。最初はおなかの位置が低くてもOK。「床と平行」の意識は持ちましょう。

体幹が床と平行になるよう意識する
お尻の穴を
キュッと締める

POINT

- お尻を上げたとき、ひざをピタッと閉じる
- お尻はドシンと下ろさずゆっくり下ろす

腰を反らないように注意
NG

2

腰を丸めながら
お尻を下げる

腰を丸め、ひざを開きながらお尻をゆっくり下ろします。お尻が床についたらすぐ、再び上げていきましょう。**1**、**2** を20回くり返して。

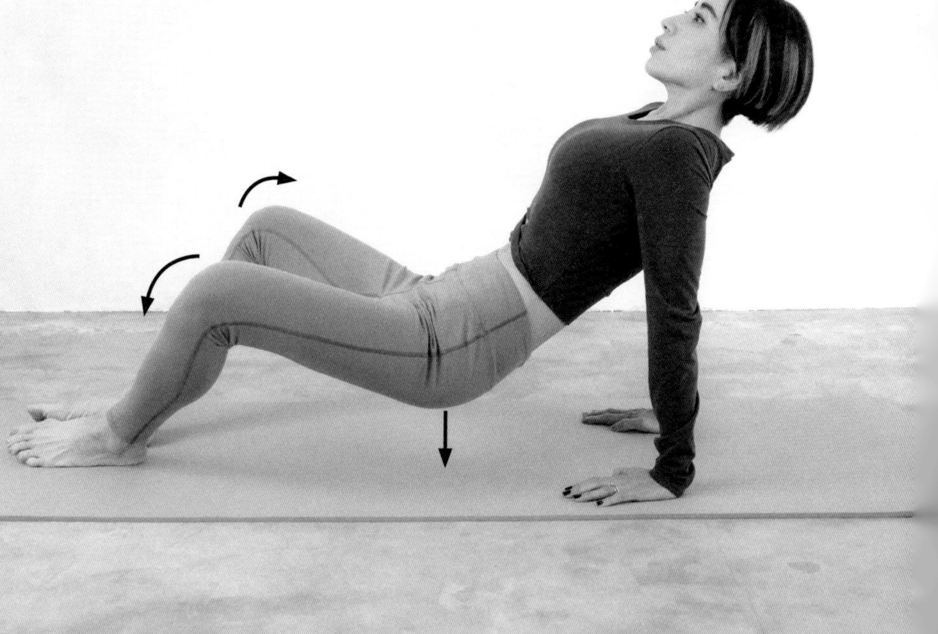

締めトレQ&A

フロッグリフトがうまくできない、一日のうちいつやればいい？
…などの疑問にお答えします！

Q: 手と足を同時に動かせません。

A: まずは下半身の動きを マスターしましょう。

フロッグリフトの下半身の動きは、開いたヒザを閉じながらヒップリフト。まずはこの動きだけをくり返して、慣れたら手の動きもつけるのがおすすめです。下半身だけでも、内転筋群やお尻の筋肉と連動して、膣筋もしっかり締まります。

Q: 20回がどうしてもキツいです。

A: 最初は1日3回を目標にしましょう。

回数だけをクリアしようとすると、腰を反ってしまうなど、間違えた動きになりがち。まずは3回、正しく動くことを目標にしましょう。筋力がついてきたら、5回、10回と増やし、20回×2セットできることを目指してください。

Q: フロッグリフトだけやってもいい？

A: 準備ストレッチとセットで行いましょう。

筋トレに慣れている人や時間がないときは、フロッグリフトだけでもOK。ただし骨盤や背骨の動きが悪かったり、下腹の力が抜けていたりすると、正しい動きができません。事前に準備ストレッチをするのが理想です。

Q: 一日のうちいつやるのが効果的？

A: 起きてすぐ行えば一日中やせモード！

朝一で行えば、膣筋やおなか、お尻に力が入りやすくなり、一日中、筋肉が活性化。カロリーを消費しやすくなります。起きてすぐは体が固いので、いきなりフロッグリフトを行わないこと。準備ストレッチからスタートしましょう。

Q: ちょっとだけレベルを上げたい。

A: お尻を浮かせたところで3秒キープ！

フロッグリフトに慣れてきたら、お尻を上げたタイミングで3秒キープすると負荷がアップ。さらにキツくしたいときはフロッグタッチやフルヒップアップにチャレンジを！

COLUMN

20回×3セットがメリハリボディづくりに最適の回数

締めトレは20回×3セットを推奨しています。というのも、これが女性らしいメリハリボディをつくるのにピッタリの回数だからです。

ボディビルダーのような筋肉をつくるには、筋肉の繊維が切れるような高い負荷のトレーニングをして、切れた筋繊維が回復する際、トレーニング前より大きな筋肉にすることを目指します。そのためにバーベルなどを使い、4、5回行うのが精いっぱいの強度で行うのです。

一方締めトレの狙いは筋肉を活性化させること。筋肉は使わないと水分が失われ、ビーフジャーキーのようなパサパサ状態に。そこを刺激すると筋肉の水分量や血液量が増え、もちもちのお肉へと変化します。筋肉が活性化すると、女性らしいメリハリのあるボディラインをつくることができるのです。そのためには、20回行うと疲れを感じるぐらいの負荷がベスト。慣れないうちは20回続けることが難しいかもしれませんが、負荷が少なすぎれば効果が出にくいので、20回を目指していきましょう。

10回を超えると
キツくなります。
Fight !!

トレで
分やせ

膣筋を意識すると部分やせのスピードが劇的に速くなる

体幹に軸が通ると狙った筋肉を刺激しやすい

膣筋やお尻にキュッと力を込める「締めトレ」の感覚を生かすと、他のパーツも効率よく部分やせできます。というのも、膣筋に力が入ると腹圧が高まり、体幹に軸が通りやすくなるからです。

膣筋が緩んで体幹が弱いと、腹直筋を鍛えるトレーニングなのに首を使ってしまうなど、鍛えたいところと別の場所を働かせてしまいがち。膣筋に力を込めて体の軸を通すと、背中や二の腕など膣筋と遠い場所であっても、狙った筋肉を的確に刺激しやすくなるのです。より負荷が高まるLEVEL UPバージョンも紹介しているので、慣れてきたらぜひチャレンジしてください。

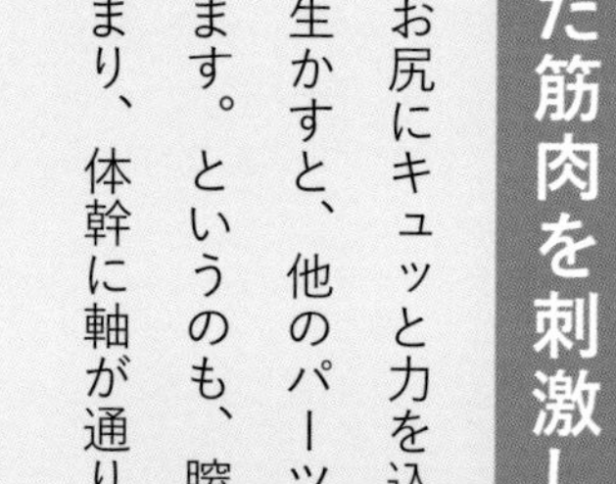

腹直筋を鍛えるエクササイズ。膣筋やお尻に力が入ると、正しく腹直筋を使えるが、膣筋から力が抜けると腰が反りやすく、下腹より首が痛くなってしまうことも。

締めトレで部分やせ全身MAP

締めトレを生かせば、全身のさまざまな場所を、
効率よく部分やせできます。

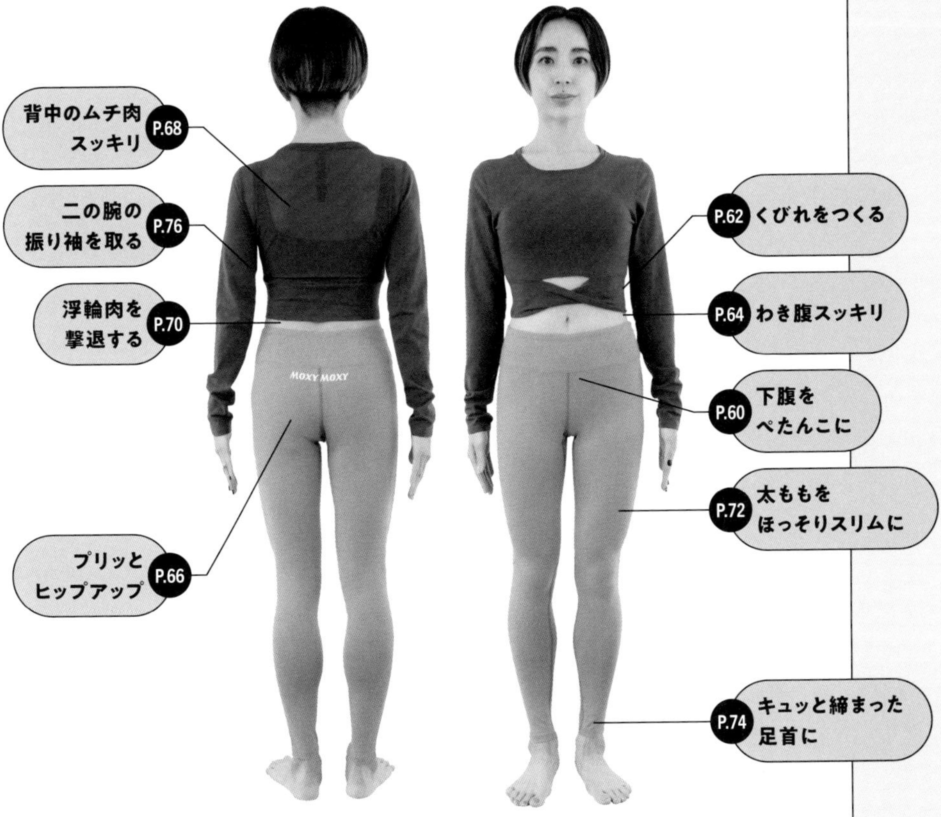

背中のムチ肉スッキリ P.68
二の腕の振り袖を取る P.76
浮輪肉を撃退する P.70
プリッとヒップアップ P.66
MOXY MOXY
P.62 くびれをつくる
P.64 わき腹スッキリ
P.60 下腹をぺたんこに
P.72 太ももをほっそりスリムに
P.74 キュッと締まった足首に

物足りない人向けに
LEVEL UP版もご用意！

腹直筋の下部やインナーマッスルの腸腰筋を刺激して、
おなかをヘコませるエクササイズ。

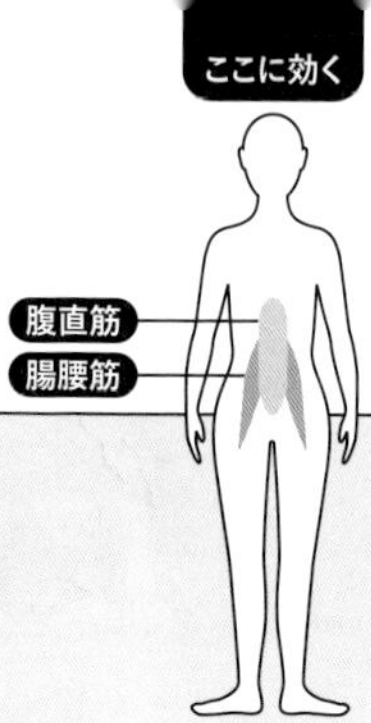

下腹をぺたんこに

ニートゥチェスト

20回×3セット

※セット間休憩は10秒

START

体育座りから
下腹に力を込めて腰を丸め、
上体を倒す

1

両脚をそろえて伸ばす

おなかと腰をしっかりと丸めたまま、両脚を
そろえて伸ばしながら引き上げます。

腰が浮きやすい人は
足を高く上げる

腰を床から浮かさない

NG

腹筋が緩むと
腰が反ってしまう

POINT

- 脚を伸ばすときはゆっくりとじわじわ伸ばす
- 脚を伸ばしたとき腰が浮きそうになるのを下腹の力で押さえつける

LEVEL UP

手を頭の後ろに当てる

腕で上体を支えることができず、筋力で上半身もキープする分、負荷がアップ！

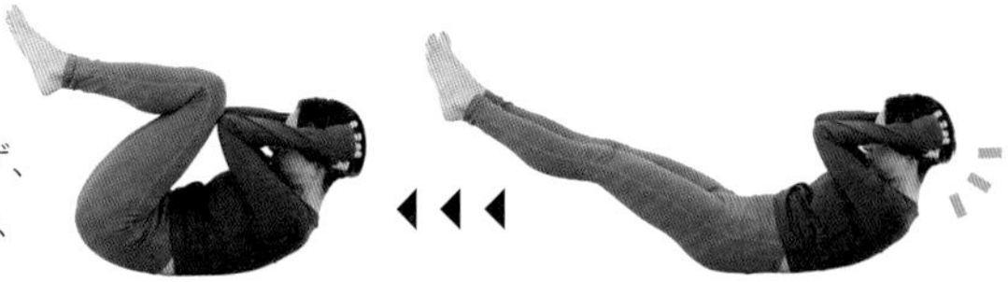

2

ひざを顔に近づける

両ひざをそろえたまま、できるだけ顔に近づけます。再びゆっくりと脚を伸ばし**1**、**2**を20回くり返しましょう。

下腹に力を込めながら腰を丸めて、
おなかを左右にひねって腹斜筋も刺激します。

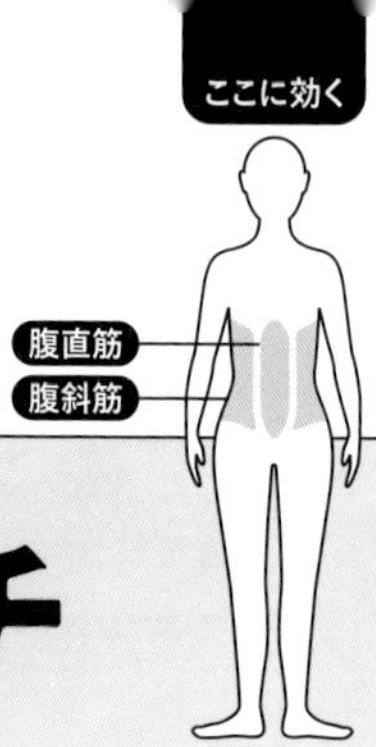

くびれをつくる

ひねりひざタッチ

20回×3セット

※セット間休憩は10秒

START

体育座りから
下腹に力を込めて腰を丸め、
上体を倒す

1

上体をひねって左ひざにタッチする

上体を左へひねり、右手で左ひざの外側をタッチします。

POINT

- ひざはグラグラ動かさず、おなかだけをひねる
- 上体を深く倒すほど、負荷が高まる

LEVEL UP

肩に手を当てたまま
ひじで太ももをタッチ

ひじを太もも外側にタッチさせる。手を伸ばさない分、ウエストのひねりが深くなる。

いったん元の
姿勢に戻る

2

上体をひねって右ひざにタッチする

今度は上体を右へひねって左手で右ひざの外側をタッチ。**1**、**2**を20回くり返します。

ひざは動かないよう
固定する

上体を曲げると同時に脚を上げ、
わき腹の肉を上下からつぶして刺激します。

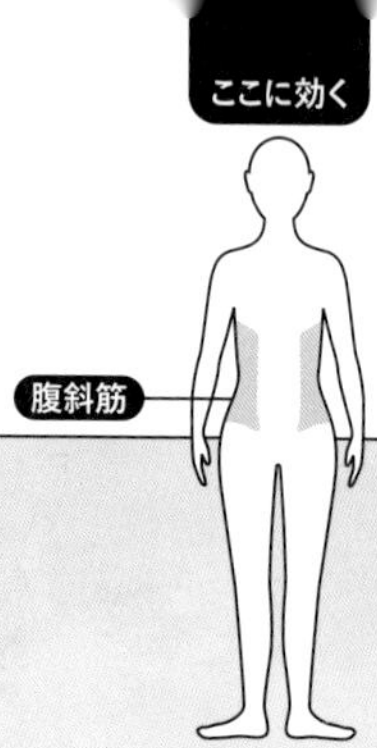
ここに効く
腹斜筋

わき腹スッキリ

わき腹つぶし

左右各20回×3セット

※セット間休憩は10秒

1

横向きに寝て
上の手は耳の後ろに

横向きに寝て下の腕は体の前へ伸ばします。上の手は耳の後ろあたりに持っていきましょう。

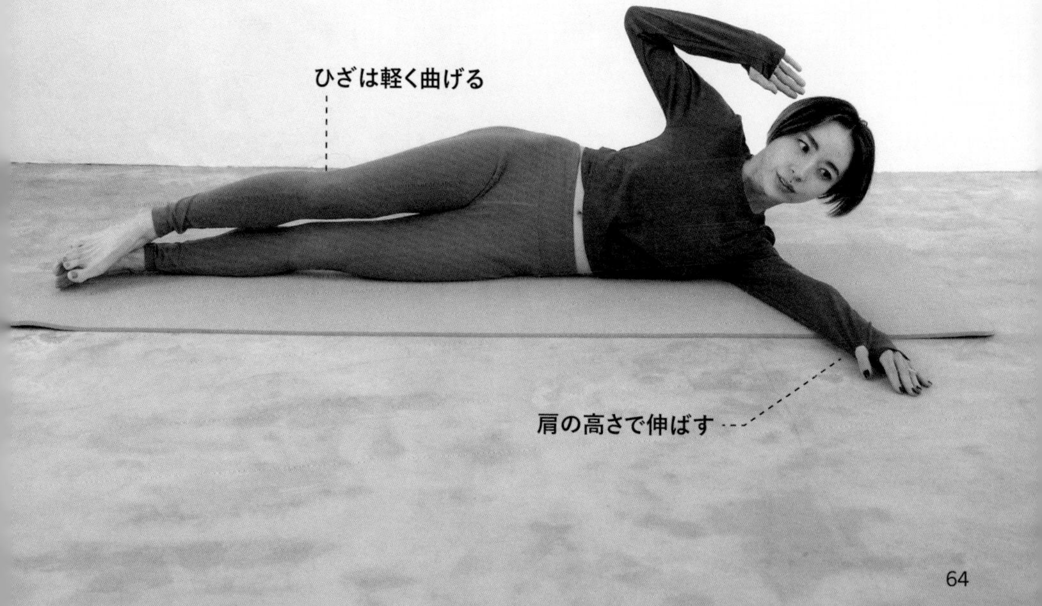
ひざは軽く曲げる
肩の高さで伸ばす

POINT

- 上体が前に出て体が「く」の字になってはダメ。真横に動かす
- わき腹の肉をつぶすイメージを持つ

LEVEL UP

上体だけを動かして
ひじで腰をタッチ

脚が上がってこない分、上体を
大きく動かすことになります。

2

ひざとひじを近づけて タッチする

上側の脚を上げるのと同時に上体を引き上げ、ひじとひざをタッチ。ゆっくり戻り **1**、**2** を20回くり返したら反対側も同様に。

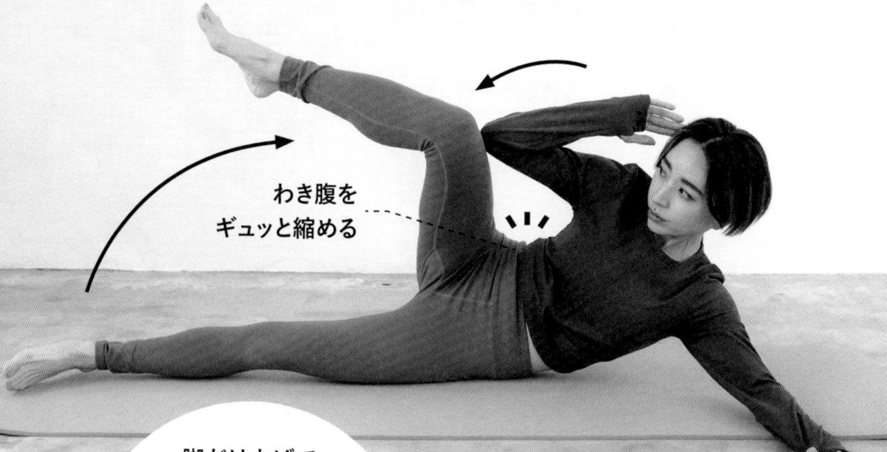
わき腹を
ギュッと縮める

NG ✕

脚だけ上げて
上体が
動かないのはダメ

お尻の力で脚を引き上げ、大殿筋を刺激。
ハムストリングスも締まり脚やせ効果も！

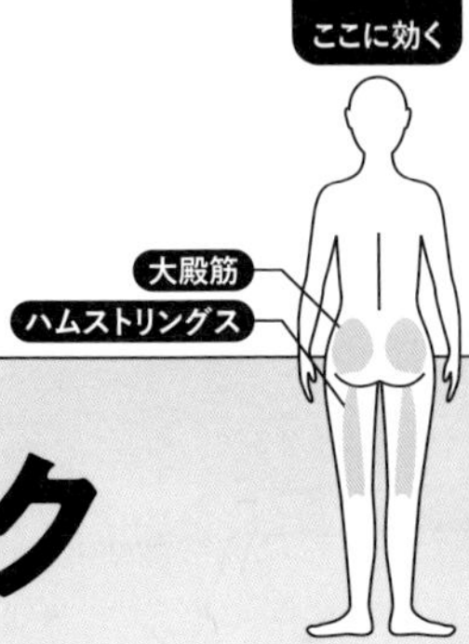

プリッとヒップアップ

ドンキーキック

左右各20回×3セット

※セット間休憩は10秒

START

両手両ひざを床につき
よつんばいになる

1

太ももが床と平行になるまで左脚を引き上げる

ひざを曲げたまま、左脚を引き上げましょう。太ももが床と平行に、背中からもも裏が一直線になるまで上げます。

NG ×

腰を
反らないよう
注意

POINT

- 勢いをつけて脚を動かすのではなく、お尻の力で脚を上げる
- 天井をキックするイメージで脚を上げよう

LEVEL UP

支えになっている脚の足先を浮かせる

グラつかないよう体を安定させるため、支えている脚の太ももも鍛えられる。

2

ゆっくりと脚を下ろしてくる

脚を下ろして戻します。このとき、ひざは床につけず浮かせたままにすること。**1**、**2**を20回くり返したら、左右を替えて同様に。

ひじを背中に寄せないと背中を刺激できません。
猫背解消にもおすすめのトレーニングです。

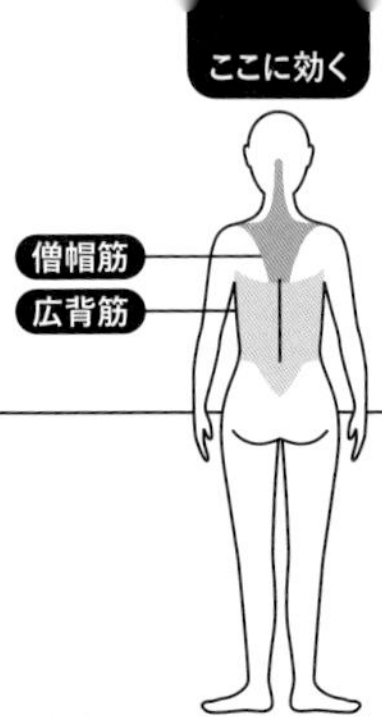

背中のムチ肉スッキリ

ばんざい ひじ寄せ

20回×3セット

※セット間休憩は10秒

1

うつぶせになり 腕を伸ばす

うつぶせになり、上体を反らします。そのまま腕を体の斜め前へ伸ばしましょう。

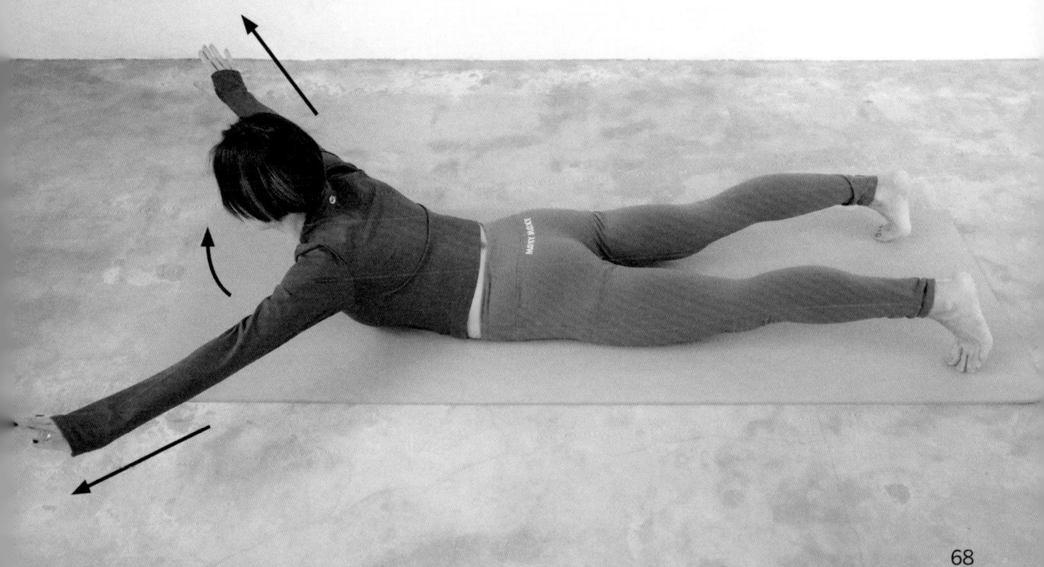

POINT

- 手で外へ向かって円を描くようにひじを寄せていく
- 背中の肉がキュッと中央に寄るのを感じよう

LEVEL UP

足先を床から浮かせる

足先を浮かせたままひじを引くと、背中と同時にお尻やハムストリングスも刺激できる。

わきを締めてはダメ

NG ×

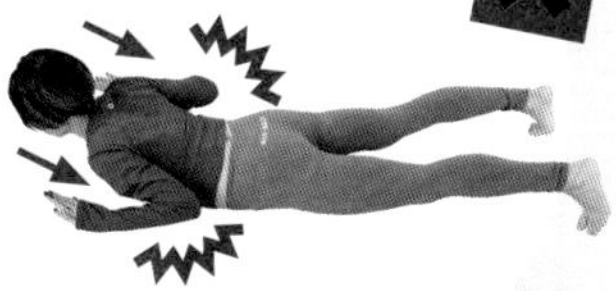

2

ひじを背中に引き寄せ3秒キープ

ひじを背中に寄せながら、胸が床から浮くぐらいまで上体を反らします。そのまま3秒キープ。**1**、**2**を20回くり返します。

3秒キープ
フゥ〜
息を吐きながらひじを引く

ここに効く

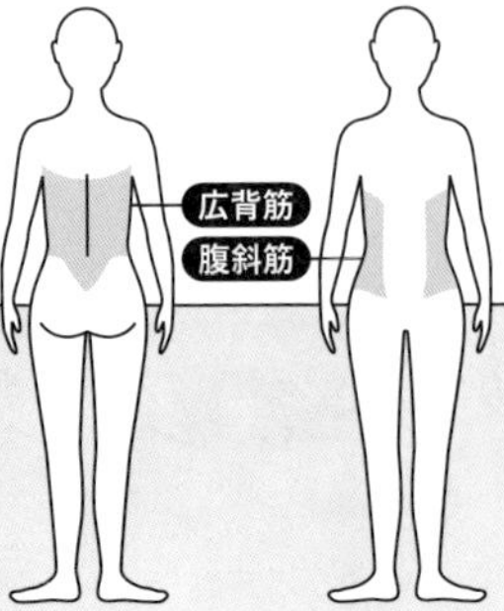

下半身につられないよう上体をキープ。
腰肉をひねって刺激します。

浮輪肉を撃退する

マーメイドひねり

20回×3セット

※セット間休憩は10秒

START

体育座りをして
足をクロスする

1

下半身を左にひねり ひざで床にタッチする

下腹に力を込めて腰を丸め、そのまま下半身を左へ倒してひざで床にタッチします。

NG ×

上体もつられてひねる

POINT

- 腰まわりをひねることを意識しよう
- 上体が動かないよう下腹に力を込める

LEVEL UP

足はクロスさせず
お尻を浮かせる

体幹や、体を支える腕も鍛えられる。ひざは床につかなくても、倒せるところまででOK。

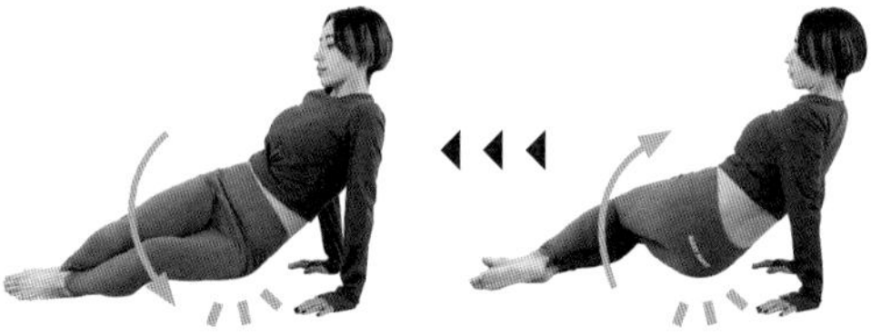

2

下半身を右にひねり ひざで床にタッチする

ゆっくりと戻したら今度は右へ倒して、右ひざで床にタッチ。**1**、**2**を20回くり返します。

NG ×

上体も
つられてひねる

前の脚のもも裏とお尻に力を込めて
立ち上がるエクササイズです。

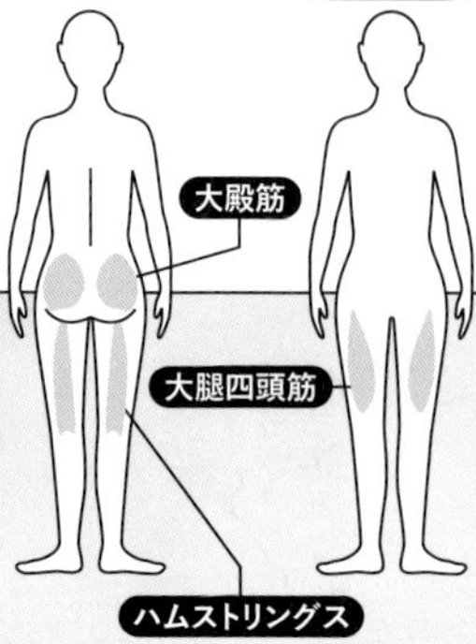

太ももをほっそりスリムに

バックランジ

20回×3セット

※セット間休憩は10秒

START

**真っすぐに立ち
両手を腰に当てる**

1

**右足を1歩引き
腰を落とす**

右足を後ろに引いて腰を落とします。このとき、左右のひざがそれぞれ90度になるよう注意。続いて前の脚を軸に立ち上がります。

NG ✕

ひざがつま先より
前に出ている

POINT
- しゃがんだとき重心が前にならないよう意識
- 立ち上がるときは、前の脚に力を込める

LEVEL UP

脚をいったん前に振り上げてから引く

片脚立ちになり、上げた脚をそのまま引いて腰を落とす。左右交互ではなく、片脚20回ずつ。

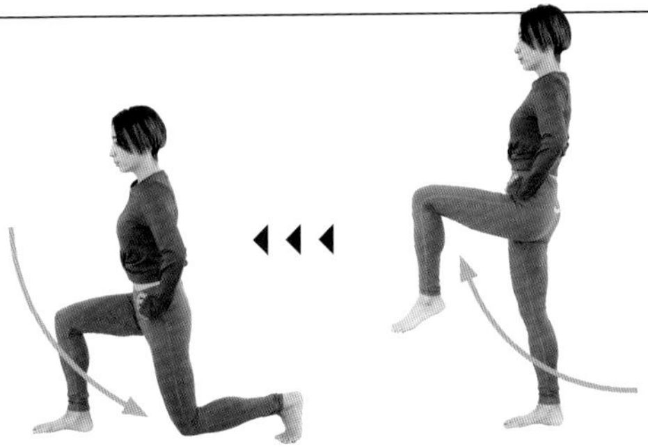

2

左足を1歩引き腰を落とす

今度は左足を引いて、腰を落としましょう。左右交互に20回くり返します。

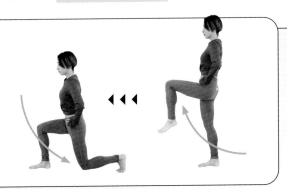

ここに効く

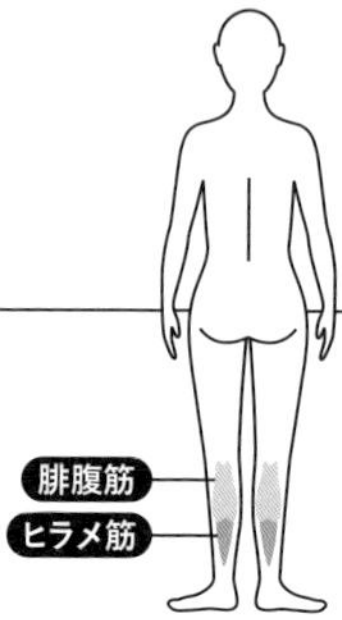

ふくらはぎを刺激することで、足先の血流を促進。
冷えやむくみが取れ足首がスッキリ！

キュッと締まった足首に

カーフレイズ

30回×3セット

※セット間休憩は10秒

1

壁に手を当てて立つ

壁の横に立ち、片手を壁に当てます。

POINT

- ストンとかかとを落とさずゆっくり下ろす
- 親指が浮かないように、しっかり体重を乗せる

LEVEL UP

壁の支えなしで行う

壁を使わず、手は腰に当てて行う。フラつかないようバランスをとる力も高まる。

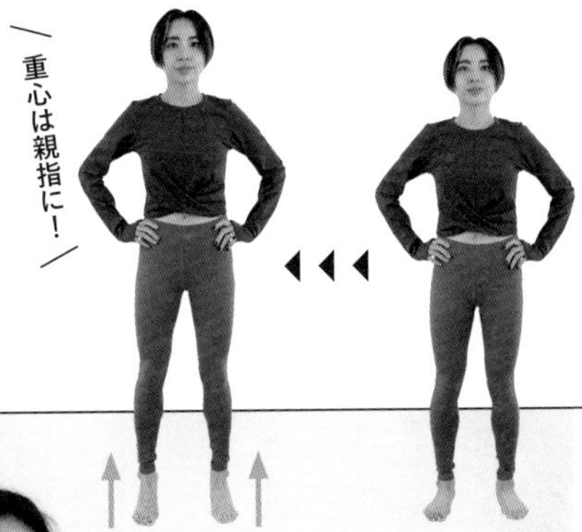

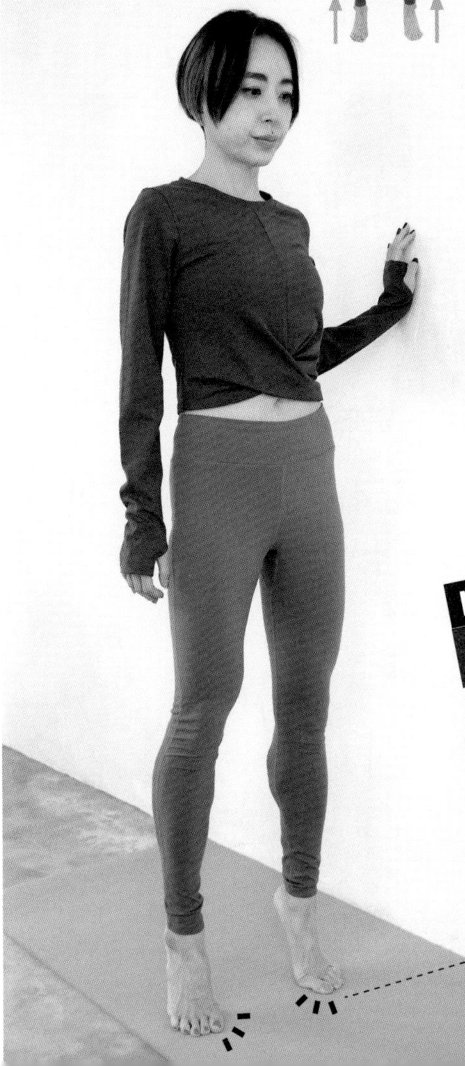

2

かかとを上げて つま先立ちになる

ゆっくりとかかとを上げてつま先立ちに。上がりきったらゆっくりとかかとを下ろします。床についたら、すぐかかとを上げましょう。**1**、**2**を30回くり返します。

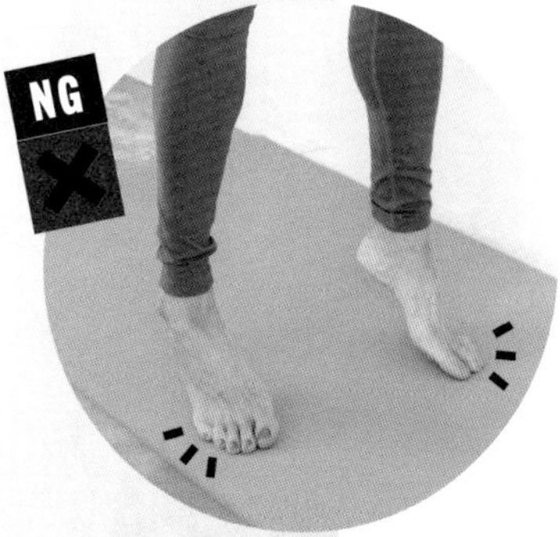

小指側に体重が乗る

親指側に力を入れる

壁を使った腕立て伏せ。筋力が弱くて
腕立てがきつい人でも、二の腕を鍛えられます。

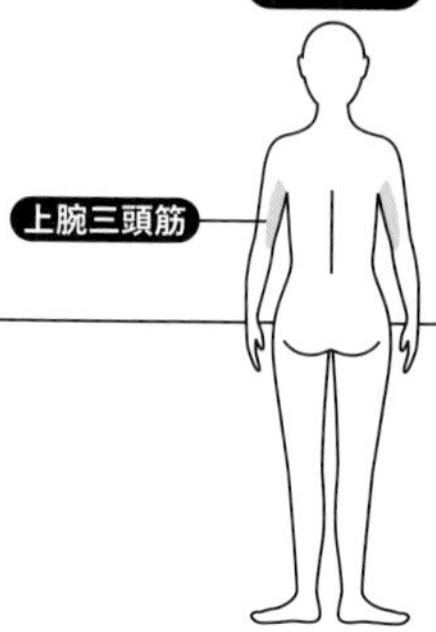

二の腕の振り袖を取る

壁つき腕立て

15回×3セット

※セット間休憩は10秒

START

壁に向かって「前へならえ」。
壁に指先がつく位置から
1歩下がった場所で
つま先立ちになる

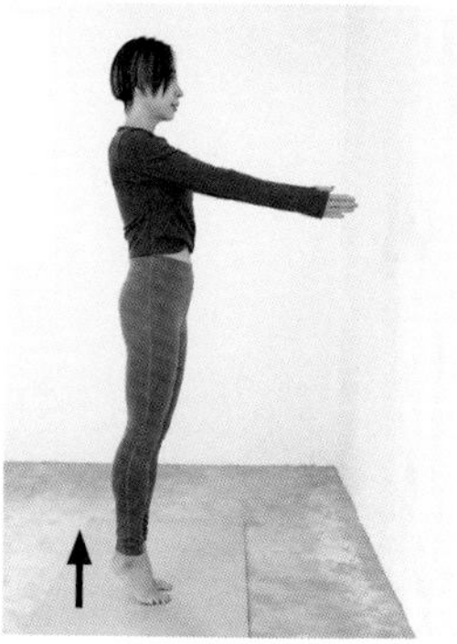

NG ×

膣筋の力が抜け
腰が反る

1

体を前に倒し
壁に体重を預ける

腕を壁に伸ばしたまま体を前に倒し、手を壁につきます。そのまま顔が壁につく手前まで、ひじを曲げましょう。

POINT
- お尻にキュッと力を込め、体を真っすぐにキープ
- 壁に手をつくとき、ひじを横に広げずわきを締める

LEVEL UP

うつぶせで床を押す

うつぶせになり手を胸の横に。ひじが広がらないよう注意しながら床を押し上体を引き上げる。

2

壁を押して元の姿勢に戻る

壁を手でグッと押して、体を真っすぐに戻します。**1**、**2** を15回くり返しましょう。

COLUMN

やせてもバストをキープするための3箇条

ダイエットしたら胸からやせちゃった、というのはダイエットあるあるですが、これは避けたい事態。胸がやせないために私がおすすめしている方法は3つです。

まずはバストの土台である大胸筋を鍛えること。おっぱいにハリが出て、垂れるのを防ぐことができます。2つめはナイトブラをつけること。これで寝ている間にバストが背中へ流れていくのを阻止! ちなみに私は、中学生のころからずっと愛用しています。

3つめはお肉を食べること。バストの土台、大胸筋のもとはたんぱく質。野菜しか食べない食生活では、筋肉は育ちません。

下記のエクサもバストアップに効果抜群なので、ぜひ試してみてください!

1

よつんばいになり、手を肩幅より広げる。

2

前のめりに体重をかけながら、ひじを曲げて胸を床に近づける。

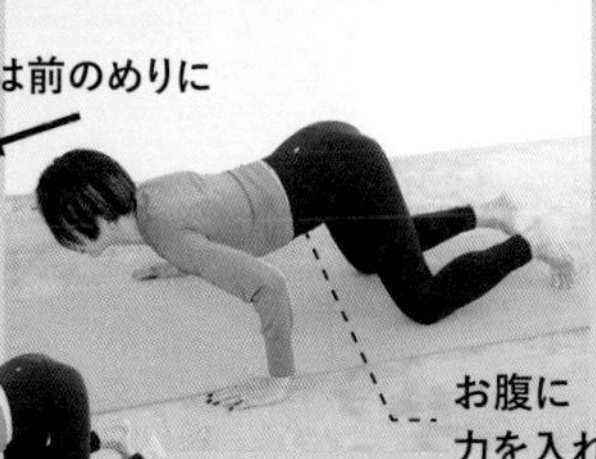
重心は前のめりに
お腹に力を入れる

肩をすくませてはダメ
NG
重心が前に移動していない

PART 4
サークル鬼トレプログラム

締めトレを1カ月やりとげたらサークル鬼トレにチャレンジ

筋トレ&有酸素のダブル効果で速攻やせ!

この章では、引き締め効果が非常に高い、ハードな筋トレ「サークル鬼トレ」を紹介します。ダイナミックに体を動かしながら同じ動きを40秒くり返すため、筋肉を刺激するだけでなく、有酸素運動も兼ねたトレーニング。脂肪燃焼も同時にかなえることができます。

早くやせられるなら、最初からサークル鬼トレだけやればいいと思いがちですが、それは厳禁。筋トレ初級者は膣筋や体幹が弱く鬼トレを正しいフォームでできません。そのため、効かせたい筋肉に刺激が入らず、けがもしやすくなります。締めトレを1カ月続けたうえで、取り組むようにしてください。

その日の気分で行うエクササを選んでもＯＫ。下腹、おなか全体、脚やせ、全身やせの4つのプログラムを組んでいるので、やせたい部位に合わせてプログラムを実践するのもおすすめです!

下腹集中プログラム

V字レッグレイズ
P.92

バックプランククライマー
P.88

マウンテンクライマー
P.86

おなか集中プログラム

フラッターキック
P.94

開脚プランク
P.84

交互片手プランク
P.82

脚やせ集中プログラム

スクワットサイドキック
P.102

ジャンピングランジ
P.96

ヒップリフトウォーク
P.90

全身やせプログラム

スクワットサイドベント
P.100

ジャンピングスクワット
P.98

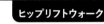

交互片手プランク

おなか全体を鍛える体幹トレーニング

START

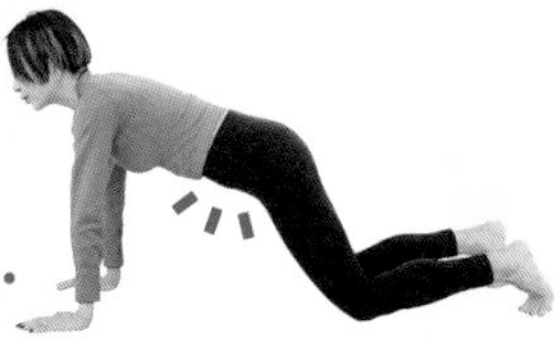

よつんばいになり
おなかに力を込める

ひざを浮かせて
おなかを
グッと引き上げ

1

片手を上げる

2

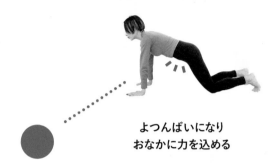

POINT 疲れてくると腰が反りやすいので、
おなかにグッと力を込めてこらえよう。

反対の手を上げる

4

3

40秒×3セット

※セット間休憩は10秒

下ろして元の
姿勢に戻り…

腰を反らせない

開脚プランク

板のようなぺたんこおなかをつくる

START

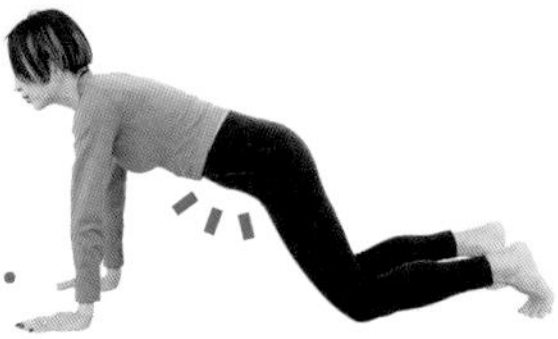

よつんばいになり
おなかに力を込める

1

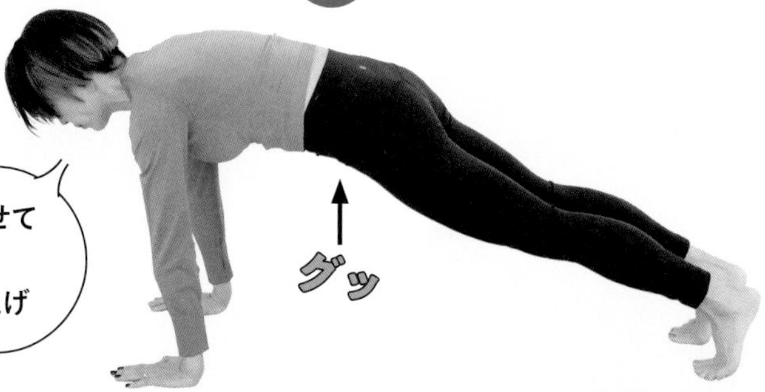

ひざを浮かせて
おなかを
グッと引き上げ

グッ

NG

腰を反らせない

POINT 脚の動きにつられてお尻が振られないよう、
おなかにしっかり力を込めよう。

40秒×3セット
※セット間休憩は10秒

マウンテンクライマー

脂肪燃焼効果も高い下腹やせトレーニング

START

よつんばいになり
おなかに力を込める

ひざを浮かせて
おなかを
グッと引き上げ

グッ

有酸素運動の
効果も得られる!

POINT 頭から足まで真っすぐにキープしたまま
山をかけ上がるように力強く脚をけり上げよう。

NG ×

手をつく位置が
前すぎたり
お尻が上がってはダメ

左右の脚を交互に
リズミカルに
胸に引き寄せる

40秒 × 3セット

※セット間休憩は10秒

バックプランククライマー

下腹ぺっこり＆お尻プリッ!

START

長座から後ろに
手をついて
おなかを丸める

1

お尻を
引き上げたら

2

グイ

片脚を引き寄せ

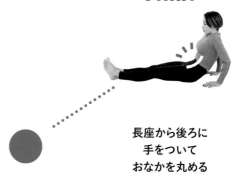

POINT お尻が落ちないようしっかりキープ。
下腹に力を込めて脚を引き上げよう。

反対の脚を
引き寄せる

4

3

40秒×3セット

※セット間休憩は10秒

戻したらすぐに

NG × お尻が落ちている

ヒップリフトウォーク

もも裏、お尻、背中…背面を一気に鍛える

鬼トレ05

START

あおむけになり
ひざを立てて
おなかを丸める

1

お尻を引き上げて

NG ×

お尻が
上がっていない

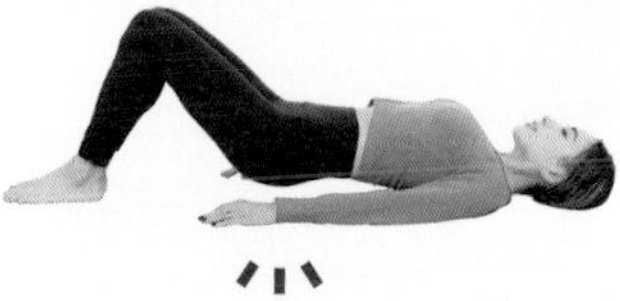

2

かかとで歩きながら
脚を伸ばしていく

POINT ひざとつま先は常に同じ方向に向け、
ひざが内側に入らないようにしよう。

1歩ずつ戻りながら
ひざを曲げていく

4

お尻を上げたまま
ひざが伸びたら…

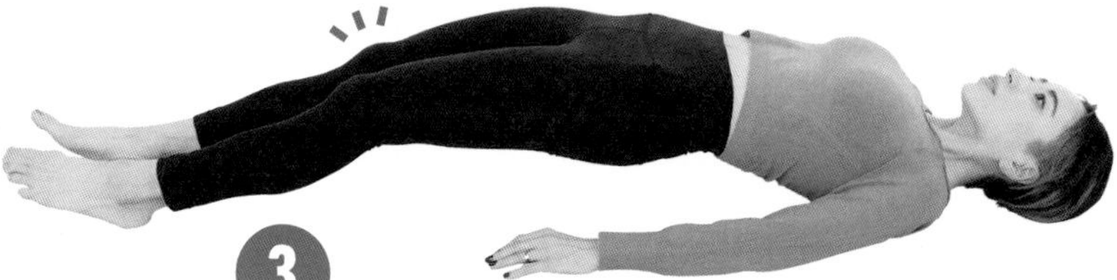

3

40秒×3セット

※セット間休憩は10秒

V字レッグレイズ

おなかをバキバキに割る！

START

あおむけになり
頭を少し浮かせる

40秒×3セット

※セット間休憩は10秒

上体と脚を
同時に引き上げ
ひざをタッチ

1

別名「ジャックナイフ」
というトレーニングです

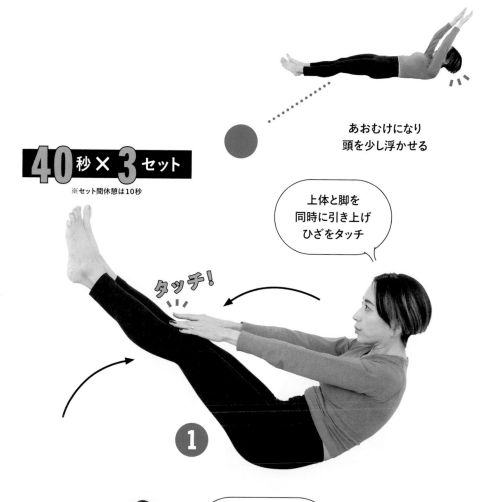

POINT V字から下ろしてきたとき、
頭は床につけずに素早く引き上げる。

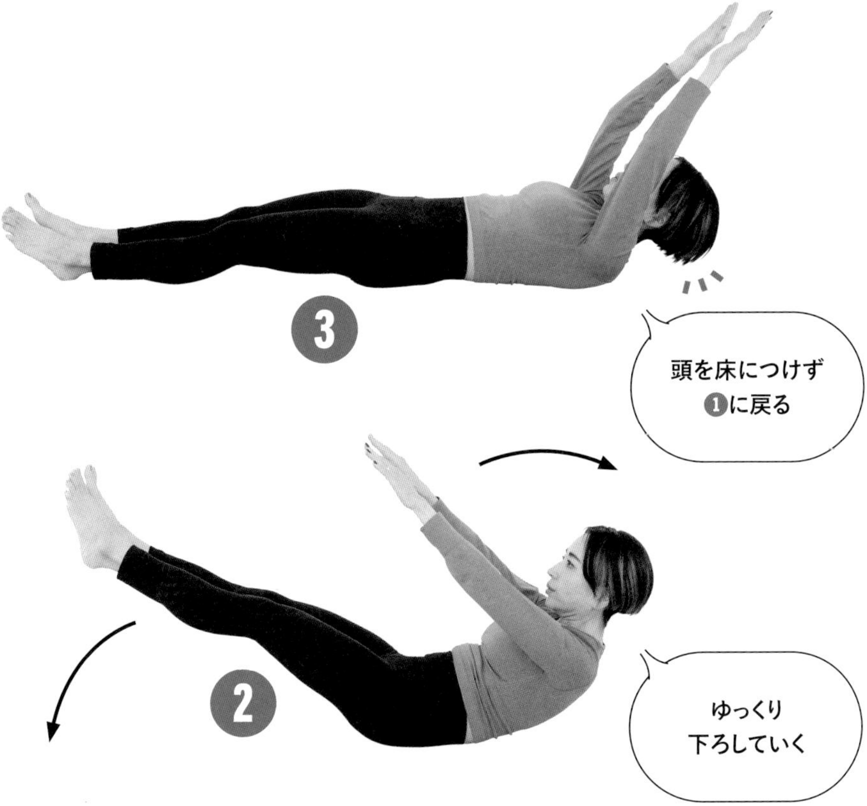
3
頭を床につけず
❶に戻る
2
ゆっくり
下ろしていく

NG ×
上体が
上がっていない

フラッターキック

目指せ！シックスパック

START

長座から
上体を軽く倒して
おなかを丸め

両脚をそろえて
高く上げる

股関節の
詰まりも取れる！

POINT ひざをしっかりと伸ばしたまま、
できるだけ大きく脚を上下に動かそう。

背中が床に
ついている
NG
×

脚を左右交互に
上下に動かす

40秒×3セット

※セット間休憩は10秒

ジャンピングランジ

下半身をまとめて引き締める

START

真っすぐに立って
手を腰に当てる

片脚を引いて
しゃがむ

1

ひざは直角に

ひざがつま先より
前に出ている

POINT 前の脚のひざがつま先より前に出ないよう、
足を置く位置を調整しよう。

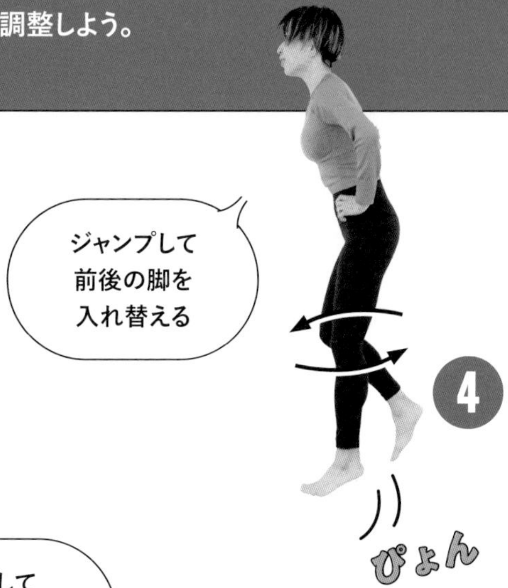
ジャンプして
前後の脚を
入れ替える
4
ぴょん

着地して
ひざを曲げて
しゃがむ
3

40秒×3セット

※セット間休憩は10秒

ジャンプして
前後の脚を
入れ替え
2
ぴょん

ジャンピングスクワット

スキニーが似合うお尻&もも裏に!

START

足を広げて立ち
手は耳の後ろに

1

ひざを曲げて
腰を落としたら

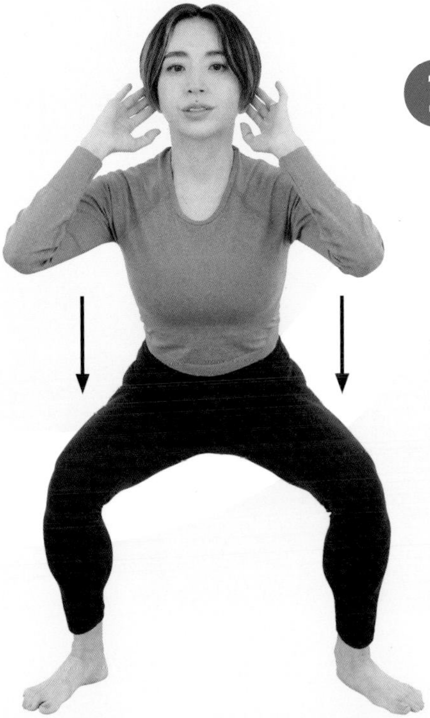

1回ずつ
休まないこと!

POINT 腰を落としたらすぐにジャンプ＆着地したらすぐに腰を落とす。
休まずリズミカルに！

床をけってジャンプ

40秒×3セット

※セット間休憩は10秒

OK ○

お尻がしっかり
下がっている

2

NG ×

お尻の
下げ方が甘い

スクワットサイドベント

美尻とくびれを同時につくる

START

足を広げて立ち
手は耳の後ろに

ひざを曲げて
腰を落としたら

上体を倒して
ひじで
太ももをタッチ

POINT 上体を前後にグラつかせず、真横に倒そう。
わきの伸び縮みをしっかり感じて。

40秒×3セット

※セット間休憩は10秒

3

上体を起こして

4

反対側に倒して
ひじで
太ももをタッチ

5

上体を起こしたら

6

ひざを伸ばして立つ

スクワットサイドキック

立体的な桃尻に！

START

足を広げて立ち
手は腰に

ひざを曲げて
腰を落としたら

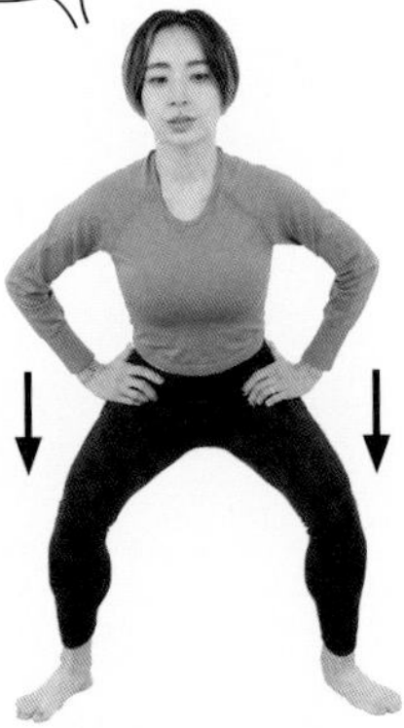

1

片脚を上げて

2

重心が前になり
グラつく

NG

POINT 上体を反らしたり前に倒したりせず真っすぐキープ。
脚は真横に上げよう。

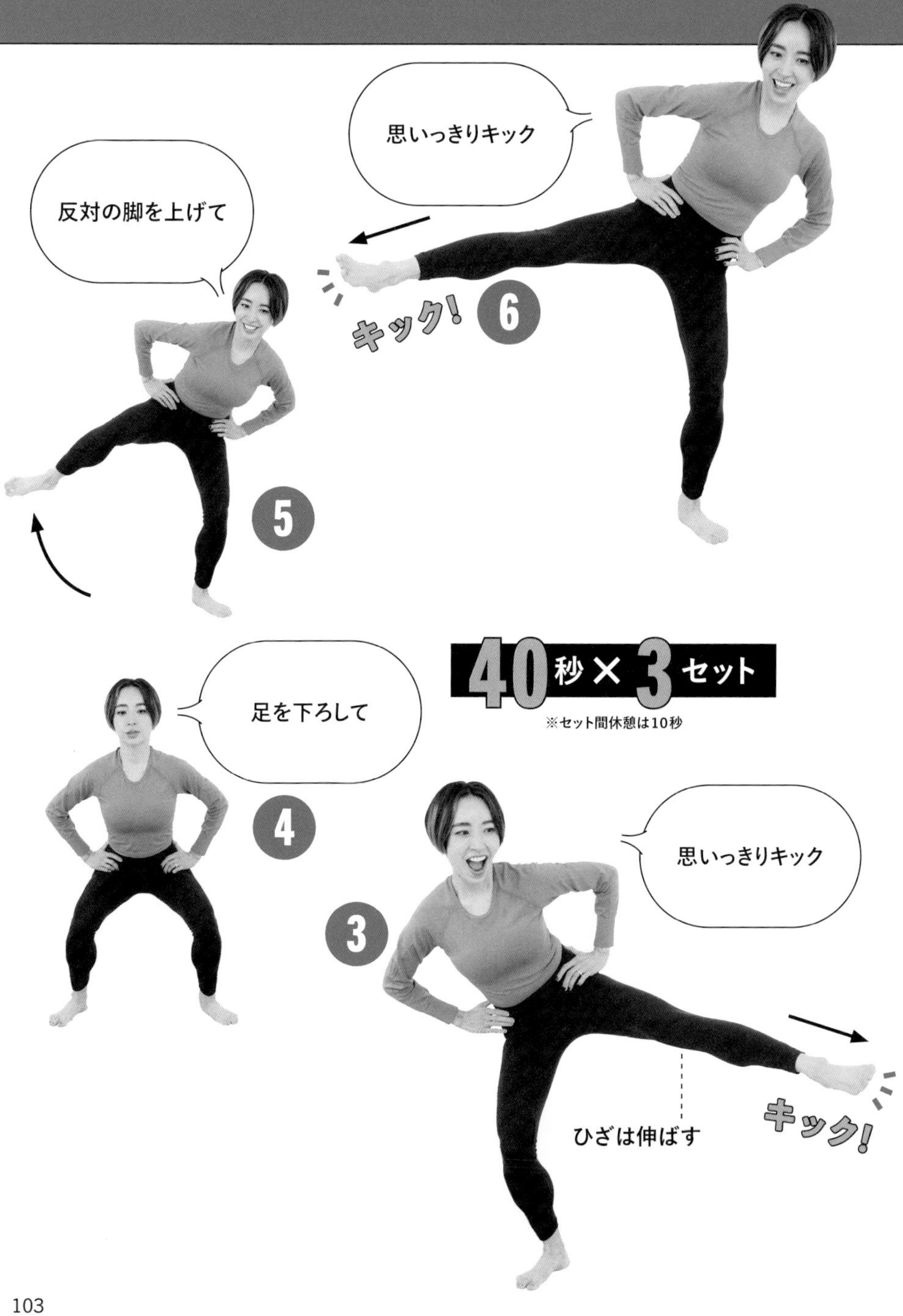
3
思いっきりキック
キック!
ひざは伸ばす
4
足を下ろして
5
反対の脚を上げて
6
思いっきりキック
キック!

40秒×3セット

※セット間休憩は10秒

めぐ式やせ習慣

食事のコツ

チートデーをつくってストレスをためず目にもおいしい食事で満足度を高める

何のためにダイエットをするかといえば、健康で幸せな生活を送るためですよね。

食べたいものをガマンして、好きなお酒を一切断って、それでやせたとしても、幸福度は低いはず。おいしく食べて、お酒も飲んでそれでもやせる。好きなものをチョイスしながらなりたい体を目指すというのが、私のダイエットに対する考え方です。

とはいえ、毎日暴飲暴食したら、さすがに太ります。

低カロリーでも
おいしさは
妥協しません

ゆでた鶏ささみをほうれん草や玉ねぎなどの野菜でごまみそマヨであえたサラダです。コクがあって美味！

鶏肉、アボカド、ブロッコリーなど、ヘルシー食材をホットサラダに。カレー風味にしています。

エビとゴーヤ、卵、納豆のサラダ。納豆は野菜や肉との相性抜群。私の「痩せメシ」のマスト食材！

大事なのはメリハリ。私の場合は週に1日チートデーを設け、その日は一切食事制限をせずに食べたいだけ食べます。チートデーの摂取カロリーは計算していませんが、恐らく4000㎉を超えているんじゃないかな。

残りの6日間は、一日の摂取カロリーを1300㎉に設定。糖質を控えめにするよう心がけています。この6日間も、おいしく食べるための工夫は欠かしません。気をつけているのは、しっかりおなかを満たすこと。カロリーを抑えても食事のかさは減らさないように、野菜をたっぷりとっています。野菜の量が増えると、どうしても薄味になりがちなので、調味料を工夫。カロリーカットのマヨネーズを炒め油として使うのも、コツのひとつです。

たんぱく質は一日60gを目安にとっています。たんぱく質もとりすぎれば脂肪に変わるので、設定量を守るようにしています。

週に1日の
チートデーは
思い切り食べる

チートデーは、ハンバーガーもお菓子も解禁! 制限なしで食べるから、ストレスがたまりません。

普段は控えめにしているごはんも、チートデーはガマンしません。揚げ物もガッツリ食べちゃいます!

糖質ゼロみりんは、ダイエットごはんをおいしくしてくれる万能調味料。照り焼きもおいしく作れます。

めぐ式やせ習慣

お酒とのつき合い方

お酒の種類＆おつまみを選べばダイエット中もアルコールはＯＫ！

「お酒を飲んでいるとやせない」と思い込んでいる人、多いのではないでしょうか。お酒を飲むと筋肉がつきにくいともいわれています。でも私は毎日缶チューハイを飲みながらベスト体重をキープしているし、筋肉量も落ちていません。もちろん、飲まないほうがやせやすいのは確かですが、お酒を飲んでも筋肉は成長します。選ぶお酒の種類やつまみに気をつければ、お酒はダイエットの敵ではない。楽しくダイエットを続けるコツとして、

お酒大好き！
毎日欠かさず
飲んでいま〜す

仕事を終えて、夕食の準備をしながら飲み始めるのがいつものスタイル。この時間がたまりません！

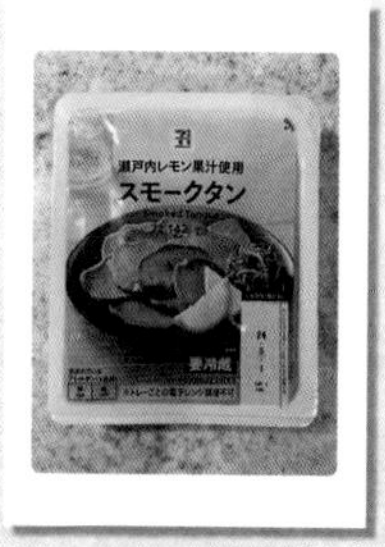

コンビニで手軽にヘルシーおつまみをゲットすることも。スモークタンは、低カロリーで高たんぱく。

ウォッカや焼酎をベースにした、糖質ゼロ酎ハイを飲んでいます。週6日は糖質ゼロで晩酌です。

アルコールＯＫと生徒さんにはお話ししています。

大事なのはお酒とおつまみの選び方。ビールや日本酒など糖質が高いものは避け、焼酎やウイスキー、ジンなどを選ぶようにしましょう。これらのお酒であっても、ジュースで割ったカクテルは糖質が高いのでＮＧ。また、気をつけたいのはおつまみです。アルコールは「エンプティ・カロリー」といって、摂取したエネルギーが早く代謝されて体につきにくいといわれますが、アルコールを代謝している間、体は他の食べ物を代謝しにくくなります。すると、アルコールといっしょに食べたものは、代謝されず脂肪として体につくことに。つまり、アルコールＯＫとはいえ、ビール＋ピザなら太る、糖質ゼロの酎ハイ＋イカの燻製なら太りにくいということ。お酒＆おつまみ選びに気をつけて、上手に楽しんでいきましょう！

糖類ゼロの缶酎ハイは、切らさないよう箱買い！ 冷蔵庫にズラリと並べて冷やしています。

ウォッカをトマトジュースで割ったブラッディメアリーは、糖質低めなカクテル。外食におすすめ。

チートデーの
外食は大好きな
ワインとともに

チートデーだけは、お酒の種類も気にしません。大好きなワインもチートデーのお楽しみ♪

めぐ式やせ習慣

有酸素運動

メリハリボディ&太りにくい体質づくりには筋トレ。たくさん食べたい人は、ランニングをプラス!

ジムでは生徒さんに筋トレを指導していますが、よく「ランニングなど有酸素運動もしたほうがいいですか?」と聞かれます。

ダイエットの大前提は、摂取カロリーよりも消費カロリーを増やすこと。その点、筋トレ自体のカロリー消費量はあまり多くありません。筋トレの狙いは、筋肉を活性化させることです。体の中でカロリー消費を高められるのは筋肉だけ、それも活性化している筋肉ほどカロ

走るのが大好きで、毎日走っています。仕事に行く前の早朝ランで、一日中気分スッキリ!

ランニングシューズはNIKEを愛用。「アルファフライ」は飛び跳ねているようなバネが魅力

リー消費量が多くなります。つまり筋肉を活性化させれば基礎代謝量が上がり、太りにくい体質に。筋肉が活性化した場所は血液もリンパも流れるので、脂肪も余分な水分もためにくくなり、ボディラインも引き締まります。

一方、有酸素運動はカロリーを消費するのが狙い。１日の目標摂取カロリーが１３００kcalだとしても、20分ジョギングして２００kcal消費すれば１５００kcalまで食べてＯＫになるわけです。引き締まったボディ＆太りにくい体質を求めるなら筋トレが必須。食べるのが好き人は有酸素も追加するのが、おすすめといえるでしょう。ちなみに食べるのが大好きな私は、毎日ランニングしています！

ＰＡＲＴ４で紹介した「サークル鬼トレプログラム」は、筋トレと有酸素の両方の効果を兼ね備えたトレーニング。やせ効果抜群ですから、締めトレを1カ月やり抜いたらぜひトライしてください！

ランニングは心拍計で距離やペース、消費カロリーを把握しながら行います。モチベがアップ！

週1ペースで
マシン
トレーニングも

マシントレーニングは週1回。写真のラットプルダウンは、姿勢改善＆背中の引き締め効果大。

5分の筋トレで、ひとつの筋肉を追い込めます。自重トレならいつでもどこでもトレーニング可能！

おわりに

筋トレから「人生のハッピー・スパイラル」が始まります！

長年、パーソナルトレーナーとして生徒さんの身体に携わらせていただき、感じていることがあります。
筋肉を鍛えると、代謝が上がり「やせる」「引き締まる」のはもちろんですが、最初に訪れる変化は**「元気になる」**です。

筋肉を鍛えることで全身の血流が良くなる
← 肩こりや頭痛などの「不調」が改善
← セロトニンやドーパミンなど、気持ちを前向きにしてくれる通称「幸せホルモン」がたくさん分泌される

こうした変化により、元気になります。
私自身が常に元気なのも、筋トレによるよいスパイラルのおかげだと思っています。
また、筋トレは自分の身体と向き合い、自分自身の「努力」で身体を変えていく作業です。

Check!

めぐ先生がトレーナーを努める
パーソナルトレーニングスタジオ
clear

めぐ先生が双子の妹である阿部 梢さんとともにトレーナーを努めている名古屋のトレーニングジム。結果を出すことにこだわり、これまでの指導のダイエット成功率は100%！「ただやせるのではなく、美しい姿勢やメリハリあるボディラインがかなう」「マインドまでポジティブになれる」と人気！空き員情報はHPよりチェックを！

ボディラインが締まっていくにつれ自己肯定感が上がる
↓
自分自身に〝自信〟がつく
↓
行動力が上がる！
↓
まわりの人に褒められることでさらにやる気が上がる！
↓
努力して勝ち取った自分を最高に好きになれる！

という幸せスパイラルが生まれるんです！
だから私はもっともっと筋トレを「当たり前」にしたい！
ジムに通わなくても、筋トレを日常のルーティンに取り入れる人が増えてほしい！
それが私の野望です！
「前向きで元気な心は、筋トレから」
筋トレが、この本を読んでくれた人の「毎日の習慣」になりますように。

パーソナルトレーナー　許恵

許恵（きょ・めぐみ）

パーソナルトレーニングジムトレーナー。Instagramフォロワー35.1万人、動画総再生回数10億回を突破（2024年4月現在）。加圧トレーニングの資格＆パーソナルトレーナー資格NESTA-CPT保有。名古屋のパーソナルトレーニングジム株式会社BCプロジェクトにて勤務後、2012年に双子の妹と独立、パーソナルトレーニングジムclear開業。10年間でのべ2000人のダイエット指導を行い、これまで100％の確率で減量成功に導いている。SNSでのトレーニング発信で大きな反響を得る。本書が初の著書本となる。

Instagram

@megu_twins_fitness

下腹やせ！
1分締めトレ

2024年6月6日　第1刷発行

著　者　許恵

発行人　松井謙介
編集人　廣瀬有二
企画編集　柏倉友弥

発行所　株式会社 ワン・パブリッシング
〒105-0003 東京都港区西新橋2-23-1
印刷所　大日本印刷株式会社
DTP　株式会社グレン

〇この本に関する各種お問い合わせ先
本の内容については、下記サイトのお問い合わせフォームよりお願いします。
https://one-publishing.co.jp/contact/
不良品（落丁、乱丁）については業務センター　tel：0570-092555
〒354-0045 埼玉県入間郡三芳町上富279-1
在庫・注文については書店専用受注センター　tel：0570-000346

ワン・パブリッシングの書籍・雑誌についての
新刊情報・詳細情報は、下記をご覧ください。
https://one-publishing.co.jp/

STAFF

デザイン
木村由香利（986DESIGN）

撮影
布施鮎美

ヘアメイク
鈴木翠

イラスト
naohiga（P5、P16～21）
内山弘隆（P23～52）

校正
麦秋アートセンター

編集・文
及川愛子